LA EDUCACIÓN AMBIENTAL SE ENRAIZA EN EL CONTINENTE

MARCO A. ENCALADA

La revisión editorial del presente trabajo estuvo a cargo de *Beatrice E. Edwards*, Coordinadora Regional del Proyecto Multinacional de Educación para el Trabajo (PMET) y de las Actividades Regionales sobre Educación Ambiental.

Cubierta: Detalle de un distante rincón de la exuberante selva amazónica, en Venezuela, que sirve de fondo a dos canoas de los indios Yekuana, que en el río Nichare, afluente del Caura, esperan reanudar un viaje de exploración sobre flora y fauna tropical, para recomendar que declaren la zona como reserva natural. (Fotografía *José Luis Jiménez*)

Director/Director
Getúlio P. Carvalho

Editor/Editor
Carlos E. Paldao

Editor Asistente/Assistant Editor
Yadira Soto

Asistente de Producción Editorial/Editorial Production Assistant
Alison August

Apoyo Editorial/Editorial Aide
Jeannette Ramirez

Corrección y Estilo/Copyediting
Francisco Iglesias

Fotografía/Photography
José Luis Jiménez, Richard Saunier

Composición Electrónica/Desktop Publishing
Juan Carlos Gómez y Lourdes Vales

Impresión/Printing
BookCrafters, EE.UU.

Colección *INTERAMER* No. 28

Library of Congress Cataloging-in-Publications Data

Encalada Reyes, Marco A.
    La educación ambiental se enraiza en el continente / Marco A. Encalada.
        p.   cm. — (Colección *INTERAMER*, ISSN 1021-4666 ; no. 28)
    Includes bibliographical references and index.
    ISBN 0-8270-3172-6
    1. Environmental education. I. Title. II. Series.
    GE70.E53   1993
    363.7'0071—dc20   93-17000
                                                                                    CIP

Copyright © 1993 por OEA/OAS. Reservados todos los derechos. Las publicaciones de la Colección *INTERAMER* no podrán ser reproducidas total o parcialmente por ningún medio, sin previa autorización escrita de la Secretaría General de la OEA.

ÍNDICE

Presentación v

CAPÍTULO I: INTRODUCCIÓN 3

   I. La movilización de la conciencia frente a la vida 3
   II. La necesidad de abatir viejos paradigmas frente al entorno 4
   III. Un espectro muy grande de problemas 9
   IV. La urgencia de la educación ambiental 10
   V. Los ámbitos de la educación ambiental 11

CAPÍTULO II: LA CONSTRUCCIÓN CONCEPTUAL DE LA EDUCACIÓN AMBIENTAL EN EL CONTINENTE .. 13

CAPÍTULO III: LA PRÁCTICA DE LA EDUCACIÓN AMBIENTAL EN EL SISTEMA ESCOLARIZADO EN EL CONTINENTE 17

   I. En busca de la institucionalización de la educación ambiental 17
   II. Las políticas educativas y la educación ambiental 19
       A. La trascendencia de las políticas 19
       B. El interés de los gobiernos 21
   III. La planificación educativa y la educación ambiental 26
       A. Investigaciones 27
       B. Construcción de programas de inserción de la educación ambiental en el sistema 32
       C. La construcción curricular sobre educación ambiental 33
   IV. La capacitación docente sobre la educación ambiental 42
       A. Actualización informativa sobre los diversos componentes de la problemática 43
       B. Actualización de conocimiento y destrezas metodológicas sobre la actividad docente integral 46
       C. Adiestramiento para asociar el trabajo de clase con las necesidades y potencialidades de cooperación de la comunidad 47

V. La producción de materiales de educación ambiental 48
 VI. La promoción de la educación ambiental y la calidad educativa ... 51

CAPÍTULO IV: LA NECESIDAD DE UNA ACCIÓN CONCERTADA EN EDUCACIÓN AMBIENTAL EN EL CONTINENTE 53
   I. Las políticas ambientales 53
  II. Los sistemas de información científica y tecnológica 54
 III. Producción de materiales educativos 55
  IV. La investigación pedagógica 55
   V. Rutas para una revolución espiritual 56

Notas 57

PRESENTACIÓN

En muchos ámbitos de los países de América Latina y el Caribe, la década de los ochenta ha dado en llamarse "la década perdida para el desarrollo", en razón de los graves reveses sufridos por las economías de la Región. La carga de la deuda externa, acumulada durante esa década, y las consecuentes austeridades fiscales produjeron serias restricciones en los gastos del sector público. Tales restricciones afectaron negativamente importantes programas sociales y limitaron los logros del progreso previamente alcanzado.

Los efectos negativos de la crisis se manifestaron especialmente en la alteración de diversos factores relacionados con la cobertura y calidad de los servicios educativos y con las posibilidades de preservación y administración racional del medio ambiente. Datos recientes de la Región muestran que en los sistemas educativos persisten graves limitaciones de recursos en lo que se refiere al personal, a los medios y recursos didácticos, y a la infraestructura física y funcional. En la mayoría de los casos, las escuelas no han desarrollado todavía currículos estandarizados, que conecten exitosamente el proceso de enseñanza-aprendizaje con la vida cotidiana en los grandes centros urbanos y en los apartados sectores de áreas rurales y urbano-marginales. De igual manera, los esfuerzos para reducir significativamente los desequilibrios sociales y su incidencia en el ámbito educativo se encuentran en una situación incierta.

La persistencia de la pobreza, que se ha acentuado a consecuencia de las políticas de austeridad, también ha cobrado como víctima al ambiente natural de la región de América Latina y el Caribe. Así como la pobreza se consolidó en determinadas regiones, particularmente las rurales, la extinción biológica entró en un proceso de aceleración. La destrucción de los bosques tropicales continuó velozmente. Miles de especies han sido extinguidas o condenadas a la desaparición por la destrucción de su entorno ecológico.

La degradación integral del ecosistema, incluyendo los bosques, las zonas costeras, y las tierras húmedas, se ha extendido por toda la Región, como consecuencia de la expansión de la agricultura de exportación, del cultivo de tierras marginales y de una producción industrial no regulada. La asimétrica distribución de las tierras y su inevitable consecuencia, el cultivo de tierras que no deberían ser trabajadas, han conducido al incremento alarmante de la desforestación con sus efectos concurrentes: extinción de especies, erosión, inundaciones, sequías y tierras pantanosas.

En consideración del contexto descrito, el Consejo Interamericano para la Educación, la Ciencia y la Cultura de la Organización de los Estados Americanos (CIECC) resolvió encargarle a la Secretaría General de la OEA la realización de un estudio del estado de la educación del medio ambiente en la Región.

El trabajo que hoy presentamos, preparado por Marco Encalada, Director de la *Fundación Natura* en Ecuador, representa una de las respuestas a ese mandato. Marco Encalada es uno de los pioneros en el campo de la educación ambiental y, en la preparación del presente trabajo, ha realizado una investigación comprensiva sobre el estado de la legislación y del currículo existente en los Estados Miembros de la OEA.

Su estudio se inicia con el análisis de las relaciones entre procesos sociales y el mundo natural; es decir, la relación entre los modelos de desarrollo existentes y el deterioro del medio ambiente natural. El significado de esta relación estructural explica el rol fundamental de la educación en el proceso de detener y revertir los daños al medio ambiente. El estudio perfila las características generales de la educación ambiental tanto a nivel de países como a nivel regional. Su análisis posterior se dirige al problema de la falta de conciencia y preocupación por el medio ambiente. Asimismo, analiza los roles respectivos de los políticos, administradores, educadores y comunidades en implementar mandatos legislativos actuales; la crucial participación de oficinas de planeamiento educacional en el desarrollo del currículo; las dificultades de institucionalización y financiamiento; y la necesidad de una reforma del currículo que inyecte consideraciones ambientales a través de otras disciplinas.

El estudio enfatiza, por otra parte, la urgente necesidad de asignar recursos financieros adecuados, de adoptar técnicas administrativas flexibles y lograr un acercamiento multidisciplinario localmente enfocado hacia la educación ambiental. Estas tareas debieran emprenderse, lo antes posible, desde los niveles iniciales de la escuela primaria.

Los hallazgos presentados por el autor confirman recomendaciones recientemente expresadas por el Comité Interamericano de Educación convocado por la OEA. Este cuerpo ha señalado que, con respecto al medio ambiente, la educación tiene un papel protagónico para: alertar a la población y a las futuras generaciones sobre las características y naturaleza de los problemas ambientales; desarrollar ideas innovadoras para preservar el equilibrio del medio ambiente; exponer la verdadera naturaleza de las causas del deterioro del medio ambiente; enseñar técnicas que capaciten tanto a los agentes educativos como al público en general sobre estrategias para minimizar el daño ambiental; y relacionar las actividades educativas con el desarrollo socio-económico, con la finalidad de conservar el equilibrio ecológico.

La investigación y el análisis de Marco Encalada sirven para orientar la implementación de estas recomendaciones. En ellas se sugieren perfiles de programas y proyectos, tanto existentes como posibles y, a la vez, se abre una puerta para pensar, colectiva y participativamente, los desafíos a ser encarados en un futuro inmediato. En la presente década, la educación ambiental confronta el legado de un pasado destructivo que la sitúa en una posición bastante desventajosa. El trabajo de Marco Encalada, sin embargo, se presenta como un signo de esperanza.

Beatrice E. Edwards

LA EDUCACIÓN AMBIENTAL
SE ENRAIZA EN EL CONTINENTE

MARCO A. ENCALADA

CAPÍTULO I

INTRODUCCIÓN

I. La movilización de la conciencia frente a la vida

Las pasadas dos décadas han constituido un lapso de enorme repercusión en la historia de la humanidad. En esos veinte años, una buena parte de la sociedad ha tenido oportunidad de saber que la vida integral sobre el planeta está amenazada, a causa de la propia conducta humana que deprime el ambiente, y otra gran parte ha podido discutir y aplicar una serie de alternativas de solución, para sustentar el desarrollo humano sin deprimir las fuentes de la vida.

Se ha dado así comienzo a uno de los procesos de movilización de la conciencia social más trascendentales y masivos de que se tenga memoria en el mundo. Se espera que ello conduzca, en un futuro no muy lejano, a cambios radicales en los patrones de conducta de la humanidad frente a la vida material y espiritual, y que ello modifique las actuales tendencias de uso irracional de los bienes naturales.

En la construcción de este gran escenario universal, esos cambios parecen no ser predecibles en su espectro particular, debido a la naturaleza intrínseca de los comportamientos humanos. Pero se espera que se orienten hacia el establecimiento de un nuevo tipo de relaciones entre el medio humano y el medio natural, cuyo producto constante sea el equilibrio dinámico de los ecosistemas generales y particulares, de los que la humanidad es parte. Se trata de ese equilibrio natural sin el cual las personas no podrían satisfacer razonablemente sus necesidades vitales y sociales, y menos aún escalar en el proceso de su "perfectibilidad" como especie y frente al entorno; pero se anhela que sea un equilibrio compartido, en el que el ser humano desempeñe el papel de adaptador a la naturaleza, bastante diferente y más inteligente de lo que ha sido hasta ahora.

No obstante, se espera que sean cambios controvertidos, como lo han sido todos aquellos planteados a la comunidad local o planetaria desde que la humanidad goza del privilegio de la libertad de expresión y su derecho a la participación. Pero, igualmente, la expectativa es que sean positivos, porque al ser una problemática socionatural, cuyos factores de incidencia causal están conspicuamente determinados por los comportamientos humanos, las soluciones deben venir de la inteligencia social. Ahí deberá prevalecer el principio de "corresponsabilidad global", germinado precisamente en estas dos décadas, cuyos efectos se espera que incidan pronto en cada individuo y en cada grupo social.

En el proceso de despegue de esta movilización de la conciencia frente a la vida, la reflexión ambiental, basada en el diálogo y la investigación científica, ha sido la gestora fundamental de estos macroescenarios. Uno de los momentos cruciales de esa reflexión ha sido la "Conferencia de las Naciones Unidas sobre el Medio Ambiente y Desarrollo", llevada a efecto en Brasil en 1992. Tras ésta hay un largo historial académico, científico y político de varios años de trabajo, deliberación y negociación, cuyos precedentes modernos más tempranos se remontan a las preocupaciones científicas y políticas que emergieron tras las primeras dos guerras mundiales en este siglo.

Para que esta movilización pueda continuar y abrirse a la totalidad de la población, la gestión mediadora de la educación ambiental, en todos los ámbitos de la actividad humana, ha sido invocada con apremio. El supuesto esencial es que la educación es el mejor recurso para interceptar los procesos de fundación de los comportamientos sociales que más inciden en el medio ambiente.

Las raíces de esta invocación están inmersas en los procesos de esclarecimiento de los factores sociales que más inciden sobre la problemática ambiental. Entre estos factores se destacan: las políticas nacionales de desarrollo, los procesos de planificación nacional, regional y local, la cooperación internacional, la legislación, el financiamiento del desarrollo, la administración de recursos, la formación profesional, la investigación científica, la transferencia de tecnología y la organización y participación sociales. Dentro de ese conglomerado de factores, la educación ha cobrado aún mayor trascendencia, en especial en los últimos años, al reconocérsele su indiscutible capacidad de influencia en los procesos sociales que configuran a los demás.

II. La necesidad de abatir viejos paradigmas frente al entorno

El problema ambiental ha sido consubstancial a la presencia de la especie humana sobre el planeta. La primera condición que ha determinado que la persona influya en la calidad ambiental es su propia presencia biológica. Todo ser vivo deteriora algo del medio en la misma medida en que contribuye a su mantenimiento. El ser humano, para sobrevivir, primeramente ha debido predar de su entorno, como cualquier otra especie viviente; y luego, para adaptarse a él, ha debido utilizar una plataforma tecnológica, en cuya evolución se han ido acumulando posibilidades de generar daño al ambiente, dado que así ha podido escapar de las leyes naturales que mantienen el equilibrio de los ecosistemas.

"Al no ocupar un nicho específico dentro de la estructura ecosistémica, la especie humana no está articulada en la compleja red de relaciones que regulan con precisión los niveles tróficos, el crecimiento poblacional o los complicados mecanismos de la conducta animal".[1] Esto, sin embargo, no indica que esté fuera de la naturaleza, sino que "ocupa una estructura diferente dentro del proceso evolutivo".

La acumulación del conocimiento sobre la naturaleza le permitió inaugurar la creatividad y procurar una mejor adecuación del ambiente a sus necesidades y de muchas de sus necesidades a lo que la naturaleza admitía darle. Sus relaciones de producción social se encargaron de exacerbar la diversificación de sus gustos y necesidades por otros bienes naturales, los cuales le aseguraban la satisfacción de otras necesidades primarias, y adecuó, lo más que pudo, estos bienes al límite de sus requerimientos biológicos y sociales.

Este flujo y reflujo de adecuaciones determinó, desde un comienzo y a través del tiempo, la creación y perfeccionamiento de una serie de instrumentos simbólicos y sociales, lo que hizo que el ser humano pudiese caracterizar su hacer cultural. Así se asentaron las bases de conformación y manifestación de una serie de comportamientos sociales. Muchos de éstos, con el tiempo y gracias a los factores de crecimiento acumulativo de la ciencia, el conocimiento y la cultura, han generado también un proceso acumulativo del deterioro ambiental, el cual se ha convertido en una amenaza para las leyes ecosistémicas que garantizan la reproducción biológica de la vida.

Como consecuencia de ese caminar histórico de la humanidad, el mundo entero presencia en la actualidad una crisis ambiental que se caracteriza por una creciente incapacidad de los ecosistemas de sustentar la vida y de proveer a los seres humanos de las condiciones para su supervivencia física y sus realizaciones sociales.

En el criterio de la mayoría de los científicos del mundo, las manifestaciones más visibles de esta crisis han sido evidentes especialmente en este último siglo en que ha habido una explosión tecnológica sin precedentes, a la vez que una verdadera explosión demográfica. Pero es a partir de la revolución industrial cuando la plataforma tecnológica empieza a crear los factores que han de interferir más incisivamente contra los procesos naturales de los cuales depende en primera y última instancia la vida.

Algunos investigadores y grupos creen que "la amenaza ambiental moderna no la constituye solamente el inmenso poder de la tecnología, sino el desequilibrio de una tierra dividida".[2] Plantean los problemas de la sobrexplotación de los recursos naturales a consecuencia de las condiciones no equilibradas de intercambio entre las naciones ricas y pobres. Enfocan las soluciones en la búsqueda de "un nuevo equilibrio entre sociedad, tecnología y vida", y afianzan su convicción de que la práctica colonial antigua definió situaciones de desequilibrio que aún perduran.

Tras denunciarse la "unidimensionalidad del desarrollo moderno", sesgado por el lado tecnológico, se destaca la amenaza que esta visión genera contra la heterogeneidad de la cultura y sus formas específicas de interpretar sus relaciones con el entorno y entre culturas. Se lamenta la inhibición a plantear la problemática ambiental desde una perspectiva política, cuando es real que todo manejo de recursos naturales se ha realizado históricamente desde esa óptica. Se interpreta el problema ambiental como un efecto del desarrollo sobre los sistemas naturales, por lo que se critica que se quisiera solucionarlo exclusivamente con planteamientos tecnológicos.

Al asociarse estos factores a la organización social, se destacan las condiciones que han determinado que una gran parte de la población de la Tierra sufra de hambre, y tienden a justificar el pobre interés humano por defender el ambiente en la existencia de condiciones sociales que habilitan solamente a algunos al disfrute de los recursos naturales.

Desde la perspectiva de los instrumentos simbólicos de interpretación de las relaciones entre los sistemas humanos y los naturales que a través de los siglos se han venido construyendo mediante la ciencia, la filosofía, el arte, la religión, la educación y, recientemente, la comunicación social, la crisis moderna ambiental parece estar marcada por la influencia de un paradigma antropológico-social de mayor dominio, en el cual la educación tiene un enorme peso. Se trata de aquél por el cual la humanidad tiende a reproducir la vigencia de conceptos erróneos sobre esa relación y a mantener el predominio de un uso social acrítico de la tecnología como respaldo a esos conceptos.

Por lo menos cuatro conceptos generales erróneos claves, que gobiernan la percepción que los seres humanos tienen de su relación con el entorno, y que influyen en su vida cotidiana, se pueden aislar a partir de este paradigma:

> *El primero está asociado a la creencia secular de que los humanos somos seres biológicamente superiores al resto de las especies vivientes de la naturaleza, y que podemos subsistir sin ellas. En la realidad sabemos que no somos una dicotomía biológicamente hablando.*
>
> Esto explicaría por qué el ser humano se cree con el derecho de eliminar, en el momento que quiera, cualquier especie de flora y fauna mediante el uso de cualquier instrumento que tenga bajo su control y, a veces, sólo por capricho o vanidad. También explicaría por qué numerosos comportamientos diarios antiambientales afloran disonantemente en personas con

niveles cognoscitivos que generalmente tienden a favorecer la defensa de la vida natural.

Asimismo, explica expresiones semánticas, tales como "lucha contra la naturaleza", "triunfo sobre la naturaleza", y otros similares, que clásicamente se tiende a proferir cuando algún descubrimiento científico o tecnológico ha dado a los seres humanos la posibilidad de adaptarse mejor a su entorno.

Y, finalmente, revela por qué en alguna literatura científica real o de ficción insistentemente se ambiciona sacar al hombre de la esfera natural, a la que está atado indefectible e irremediablemente, debido a los flujos y reflujos de asociaciones bióticas y abióticas que garantizan biológica y socialmente su vida en la Tierra.

El segundo concepto erróneo es creer que la naturaleza puede proveer al ser humano de recursos ilimitados, cuando los hechos de estos últimos decenios han revelado contundentemente que esto no es verdad.

Por una parte, los recursos no renovables han demostrado fehacientemente su finitud, bien por agotamiento o bien por destrucción; y ello, muchas veces, ha interferido en las relaciones sociales de entendimiento y paz entre grupos sociales. Por otra parte, los recursos naturales renovables cada vez han ido encontrando más dificultades tanto para satisfacer las crecientes necesidades socionaturales (crecimiento de la población) y las artificiales (consumos selectivos), como para recrearse en forma sostenida con base en las propias leyes de los ecosistemas (preservación o recuperación de la sanidad ambiental).

Así, la Tierra resulta ser, por ahora, el único planeta que puede proveer al ser humano de recursos múltiples seguros, aunque las perspectivas tecnológicas anuncien la explotación de minerales de otros planetas en el futuro.

El tercer concepto erróneo está asociado al segundo, y se trata del optimismo tecnológico frente a los pesimismos económicos y ambientales. Persiste la creencia de que la tecnología lo podrá solucionar todo, incluidos, obviamente, los problemas de moralidad frente al entorno o frente a la misma especie humana.

Lamentablemente, hasta ahora la tecnología no ha podido dar respuesta sino a una ínfima cantidad de problemas ecológicos y políticos planteados dentro de la crisis ambiental mundial. Y esto ocurre así, pese a la deslumbrante explosión de iniciativas que la investigación tecnológica parece ofrecer diariamente, especialmente en los países desarrollados.

La infinita cantidad de necesidades para suplantar las tecnologías sucias con tecnologías limpias y propiciar la producción agrícola, industrial y cultural, sin interferir con las leyes naturales, no es sino una leve noción de lo apartada de la realidad que está la humanidad en este aspecto. Y esto no representa un pesimismo, sino una posición de certidumbre frente a la evidencia de las reales capacidades humanas. Si no, ¿por qué no pasar revista al tipo, número y calidad de requerimientos tecnológicos para evitar, mitigar o eliminar los miles de afluentes nocivos producidos sólo por las industrias, las pocas industrias de que disponen los países no industrializados? Muchos de esos problemas no tendrán solución, a menos que algunas de esas industrias desaparezcan, porque no hay ni habrá soluciones tecnológicas apropiadas.

Finalmente, el cuarto concepto erróneo es considerar que los comportamientos humanos agresivos al ambiente son naturalmente autocontrolables, y que la comunidad planetaria está lista para responder a la amenaza del deterioro global. No hay nada en la historia de la cultura que muestre que sea así de natural el cambio de hábitos en los individuos frente al entorno. Ni siquiera los temores apocalípticos de la destrucción de la Tierra, que muchos agoreros han tratado de despertar con el tema ambiental, han logrado cambios radicales por generación espontánea.

Por ejemplo, ¿qué grupo social o país que esté acostumbrado a un determinado nivel de vida quiere bajarlo voluntariamente para que otro lo suba? ¿Quién dejará de consumir recursos para que sobreviva la humanidad, si no se lo obligan so pena de perder su derecho individual al consumo de alguno de esos recursos? Por el contrario, ¿de dónde, entonces, surge la creencia de que los países en desarrollo deben aspirar a los mismos estilos y niveles de desarrollo que han aplicado y logrado los países industrializados, con todas las cargas de impacto sobre el ambiente y sobre la misma sociedad? ¿Querrán las agencias de publicidad y medios de comunicación autorregularse y disminuir su presión sobre la conciencia de la gente para estimular el consumo, como fórmula de vida y avance, e invocado para consolidar las economías de las naciones?

Estos cuatro conceptos erróneos han estado asociados inexplicablemente entre sí, y a una práctica cotidiana de uso acrítico de la tecnología frente a la fragilidad de los ecosistemas, y así han conseguido reafirmarse como agentes factoriales de significación para caracterizar tangiblemente la crisis ambiental universal.

De esa manera se explica el que hoy en día, virtualmente la totalidad de las acciones sociales sobre el medio ambiente constituyan una amenaza para la supervivencia de la naturaleza, y que la calidad de vida de la población en general tienda a bajar, configurando así el problema ambiental como un problema de naturaleza integral, global y perteneciente a todo el mundo, al hoy y al mañana.

III. Un espectro muy grande de problemas

El término "problema ambiental" ha ingresado en el lenguaje de la actividad científica y social del mundo con mucha fuerza a partir de la reunión de Estocolmo de 1972. Allí se hizo la primera advertencia concertada internacional sobre la situación del ambiente. Aunque en aquella época el conocimiento científico y social manifestó una alta comprensión acerca de la naturaleza de estos problemas, así como algunas de sus causalidades y de una serie de soluciones desde las perspectivas tecnológica y política, en la actualidad todo ello se ha robustecido con la movilización mundial de la conciencia ecológica y se tienen nuevas líneas de interpretación y acción. Sin embargo, el principio científico del *problema ambiental* se mantiene intacto. Se lo define como la presencia de todo factor social o natural que pone en peligro el *equilibrio ecológico* en un *ecosistema* dado o en un conjunto de ecosistemas.

Este equilibrio existe cuando fluyen normalmente los *procesos naturales* que garantizan las condiciones que permiten la reproducción biológica de la vida. Estos procesos, a su vez, responden a principios y leyes ecosistémicas que determinan las relaciones de los *elementos* bióticos y abióticos con el concurso de la *energía*. Estas relaciones son generadoras de vida, definen los *ciclos de reproducción de los elementos* (oxígeno, carbono, agua, etc.), los *ciclos vitales* de los organismos y las correspondientes relaciones multidinámicas entre individuos y comunidades de especies (pirámides alimenticias, cadenas tróficas, etc.), y entre éstos y su *medio*, para tejer así la trama de la vida.

Si bien los factores que pueden interferir en estos procesos ecosistémicos son de índole natural y social, la historia de la vida está marcada por la influencia de los primeros, que han determinado la evolución natural de la que los seres humanos somos una consecuencia. Sin embargo, desde que la especie humana tiene razón ésta se ha constituido en un factor de alta incidencia en el ambiente.

En la actualidad, ningún problema ambiental puede ser comprendido si no se analiza la incidencia de *factores inmanentes* (inherentes a los procesos naturales) y *factores sociales*. Por ejemplo, una importante sección de la contaminación del agua tiende a producirse por efectos de un comportamiento humano asociado al mal uso de los residuos de plaguicidas contenidos en un utensilio que lavan en un río. Este comportamiento, a su vez, está asociado a otros comportamientos sociales, tales como falta de información, conocimiento o sensibilidad por parte de los individuos que manejan estos elementos químicos; y esto, a su vez, se debe a la falta de programas educativos eficientes sobre el ambiente, y a la falta de políticas, y a la falta de alternativas prácticas para que los campesinos, en este caso, puedan manejar racionalmente los residuos de los plaguicidas. Mientras el plaguicida cumplía su "papel natural" de incidir la calidad del agua, el hábito humano de lavar en el río el utensilio con residuos de plaguicidas cumplió con su rol de factor de detrimento ambiental.

Desde esta perspectiva, se ha llegado a la convicción de que el espectro de problemas ambientales es muy grande en todo el mundo. Los procesos naturales de todas las regiones del mundo están cada vez más amenazados. Hay numerosos problemas ambientales que, además de ser comunes en varios lugares del mundo, comprometen la seguridad ambiental y social de otros países, regiones y latitudes, además de aquellos donde tienen lugar.

Entre los problemas ambientales que más se sugieren en el mundo como importantes, se destacan: el efecto de invernadero, la falta de agua para el consumo humano, la contaminación hídrica, la erosión del suelo, la deforestación, la destrucción de la capa de ozono, el decrecimiento de la biodiversidad, la contaminación del aire, el crecimiento explosivo de la población y la contaminación de los alimentos naturales y artificiales.

IV. La urgencia de la educación ambiental

Frente a estos problemas, las propuestas de solución han cruzado las más diversas opciones que la especie humana puede adoptar para dar otro rumbo a su destino; pero aquéllas que buscan incidir en cambios de la conducta global de la sociedad sobre el ambiente, tales como los estilos del desarrollo en países ricos y pobres, han sido las más dominantes. No han quedado muy atrás aquellas otras que persiguen cambios puntuales para conseguir la reducción del uso de los recursos naturales, en especial en los países pobres, no obstante su necesidad de usarlos para su desarrollo. Y crecen aceleradamente las soluciones que apuntan a la modificación de los procesos integrales de producción.

No obstante, también se han multiplicado los planteamientos que buscan incidir en las relaciones internacionales de intercambio y cooperación, que tienen una alta incidencia en el problema; y en respuesta a esto, no han faltado aquellas sugerencias que puntualizan los problemas de falta de eficiencia productiva y disciplina cultural frente al entorno natural en los países pobres.

En el fondo, todo esto no es sino una invocación de cambios en los comportamientos individuales y colectivos relacionados con la vida en general. Los hábitos cotidianos son los que han afectado al ambiente, y sólo a través de esta misma vía se podrán lograr los cambios deseados. Estos cambios deberán influir en los procesos de toma de decisiones sobre el ambiente en el hogar y en el trabajo, en la escuela y en el gobierno, en la comunidad y en la empresa y estando en grupo o en soledad.

Hay vestigios de pérdida de identidad de los individuos frente a su entorno, en buena parte de la sociedad, a consecuencia de sus hábitos cotidianos. Ello estaría determinando una falta de interés por los demás y sus propios descendientes, y de preocupación por el mañana. A esto habría que agregar la manifestación reiterada de delirios de apropiación y acumulación de bienes materiales, de ostentación de poder, de consumo exacerbado de bienes y servicios, de despilfarro de los recursos naturales y el afán altamente hedonista de muchas de sus vivencias cotidianas.

Eso clama por cambios integrales en la moral ambiental, que significa casi una revolución espiritual en la humanidad. Una revolución que revalorice la naturaleza y al individuo, defina los cimientos de una cultura ecológica, corte de raíz los fundamentos que han llevado a la humanidad a fragilizar su propio sustento en la Tierra, y construya una nueva moral frente al entorno físico y social y frente a la interioridad de las personas y de todos los seres vivientes.

Para viabilizar esta revolución, se ha considerado indispensable la presencia de la educación ambiental, la cual se ha llegado a concebir como una esperanza integradora de la acción universal hacia el cambio total. Se plantea la conveniencia de una evolución en los conceptos de ésta con relación a la vida, la naturaleza y el entorno natural, así como de sus planteamientos metodológicos y técnicos, para generar nuevas situaciones de relación entre los seres humanos y la naturaleza y entre las personas.

Esa propuesta tiene amplia aceptación en todos los círculos de decisión y acción, aún en aquéllos donde la propuesta eminentemente tecnológica y científica parece desdeñar la preocupación social. Se ha revivido la convicción de que la educación ambiental es la mejor vía, aunque no la única, para organizar esta transformación de la humanidad. Es contundente la evidencia histórica de que la educación básica se cuenta entre los principales factores sociales, que han tenido alta incidencia en la caracterización de las relaciones, que los seres humanos han establecido con la naturaleza desde el comienzo de los siglos.

De ahí la convicción de que la educación ambiental debe llegar a toda la sociedad, a todos los lugares donde los seres humanos estén asentados, y a través de los más diversos medios, sistemas y mecanismos que estén disponibles en cualquier momento en que se los quiera utilizar.

V. Los ámbitos de la educación ambiental

Considerando que toda la sociedad debe ser educada o "reeducada" frente a su entorno natural, es mundialmente aceptado que la educación ambiental debe tener lugar en el sistema escolarizado, en el ámbito educativo no formal y en el nivel informal.

En la práctica de América Latina, sin embargo, la educación informal ha tenido alguna mayor posibilidad de aplicarse en el ámbito informal. En ello han desempeñado un papel importante los medios masivos de comunicación, los cuales han estado a la vanguardia de movimientos de este tipo para articular procesos de información y motivación a la ciudadanía.

El ámbito de la educación informal no comprende solamente procesos de transferencia de información para crear determinados niveles de conciencia en la población en general, sino que busca incidir en los comportamientos de determinados segmentos de esa población, que influyen en la toma de decisiones frente a diversos aspectos de la naturaleza. Las audiencias prioritarias tienden a ser los líderes de todo tipo, que actúan en los campos jurídicos, tecnológicos, financieros, científicos y políticos en relación con el manejo y uso de los recursos naturales. Los avances logrados en algunos países de la Región, en especial en el Ecuador, Costa Rica, Colombia y Brasil, han sido considerables.

El sistema escolarizado de educación, por el contrario, ha tardado mucho para dar albergue a las preocupaciones ambientales, pese a que debería ser el prioritario, considerando que es el apropiado para la sustentabilidad de los procesos de cambio de comportamientos sociales que tienen que ver con el ambiente, y que esos procesos son para lograr resultados ambientales a largo plazo. Si se recuerda que este tipo de tardanzas, para la incorporación de los resultados científicos y ciertas preocupaciones sociales dentro de los contenidos curriculares y los planes de trabajo escolar, ha constituido una tradición en la mayoría de los países latinoamericanos, ésta, asociada al campo ambiental, sería explicable. Sin embargo es difícil articular una explicación, porque en el sistema escolarizado es donde hay más posibilidades de aplicación sistemática de la educación ambiental. Ahí existe un sistema establecido, con una estructura sólida y permanente y que es consubstancial a la vida de las sociedades.

De persistir esta tendencia, se perfilan algunas limitaciones que impedirán que los aportes de la educación lleguen al corazón de las causas que han enraizado el problema en la cultura.

La población de Ibis Escarlata —que existe todavía en algunos lugares de Colombia, Venezuela y Trinidad y Tobago— está en etapa de extinción como consecuencia de la contaminación por pesticidas que destruyen sus hábitats (Fotografía José Luis Jiménez).

La explotación indiscriminada de la madera en muchas zonas de las Américas ha significado la destrucción de bosques con alteraciones en el clima y extinción de especies (Fotografía Richard E. Saunier).

CAPÍTULO II

LA CONSTRUCCIÓN CONCEPTUAL DE LA EDUCACIÓN AMBIENTAL EN EL CONTINENTE

La educación ha estado presente en el contexto de la problemática ambiental desde el comienzo mismo de las deliberaciones, que permitieron exponer la gravedad de la situación ante la opinión pública mundial.

Las concepciones precursoras se remontan a los trabajos preparatorios de la reunión de Estocolmo, donde se percibió que lo ambiental rebasaba los límites de un movimiento exclusivamente conservacionista. La educación tenía que desempeñar un papel más importante que el de constituir una mera portadora de sólo anuncios apocalípticos a la población o de apaciguadora de las iniciativas para comprender mejor la multidimensionalidad de las causas de los problemas ambientales.

La recomendación 96 de la Conferencia de Estocolmo (1972) instó "al desarrollo de la educación ambiental como uno de los elementos más vitales para un ataque general de la crisis del medio ambiente mundial"; y que este propósito debe estar en estrecha relación con el Nuevo Orden Económico Internacional propugnado por las Naciones Unidas.[3]

Además, señaló que "la educación ambiental debería tener en cuenta el medio natural y artificial en su totalidad: ecológico, político, económico, tecnológico, social, legislativo, cultural y estético; debería ser un proceso continuo y permanente en la escuela y fuera de ella; debería tener un enfoque interdisciplinario; debería hacer hincapié en una participación activa en la prevención y solución de los problemas ambientales; debería estudiar las cuestiones ambientales desde un punto de vista mundial, teniendo en cuenta las diferencias regionales; debería centrarse en cuestiones ambientales actuales y futuras; debería considerar desarrollo y crecimiento en una perspectiva ambiental; la educación ambiental debería fomentar el valor y la necesidad de la cooperación local, nacional e internacional en la resolución de los problemas ambientales".[4]

Las metas principales se han articulado para "lograr que la población mundial tenga conciencia del medio ambiente y se interese por él y por sus problemas conexos y que cuente con los conocimientos, aptitudes, actitudes, motivación y deseo necesarios para trabajar individual y colectivamente en la búsqueda de soluciones a los problemas actuales y para prevenir los que pudieran aparecer en lo sucesivo".[5]

El enfoque que se le daría debía ser interdisciplinario, con carácter escolar y extraescolar; abarcar todos los niveles de la enseñanza, y dirigirse hacia "el público en general, especialmente al ciudadano corriente que vive en las zonas rurales y urbanas, al joven y al adulto indistintamente, con miras a enseñarles las medidas sencillas que, dentro de sus posibilidades, puedan tomar para ordenar y controlar su medio".[6]

Durante un seminario internacional realizado en 1974, con los auspicios de la UNESCO, se sintetizaron los siguientes principios de educación ambiental:[7]

- "La educación ambiental es un componente de todo pensamiento y de toda actividad, de la cultura en el más amplio sentido de la palabra, y su fundamento es la estrategia de la supervivencia de la humanidad y de otras formas de la naturaleza".

- "La estrategia de la supervivencia es un enfoque general que requiere conocimientos de ciencias naturales, tecnología, historia y sociología; así como medios intelectuales para analizar y sintetizar estos conocimientos a fin de crear nuevos modos de actuación".

- "Además de la estrategia de la supervivencia, debe tenerse en consideración la calidad de la vida, las metas fijadas a este respecto y los medios con que cuenta la humanidad para alcanzarlas".

- "La educación ambiental aspira a que se tomen en consideración los principios de la ecología en la planificación social, en diferentes actividades y en la economía, en los planes nacionales e internacionales".

Aportes posteriores hechos para articular estas metas en la práctica han configurado, entre otros, los siguientes objetivos de la educación:[8]

- Generar mayor sensibilidad y conciencia sobre los problemas del medio ambiente, así como conocimiento del entorno natural y sus problemas, "como una unidad totalizadora de la que el ser humano forma parte y debe hacerlo con responsabilidad crítica".

- Desarrollar en los "individuos, un sentido ético-social ante los problemas del medio, que los impulse a participar activamente en su protección y mejoramiento".
- Desarrollar "las aptitudes necesarias para resolver problemas ambientales" y para prevenir otros.
- "Impulsar la capacidad de evaluar las medidas y los programas de educación ambiental en función de los factores ecológicos, políticos, económicos, sociales, estéticos y educacionales".
- Y "Crear conciencia de la urgente necesidad de prestar atención a los problemas del medio ambiente, para asegurar que se adopten medidas adecuadas a su respecto".

Algunos desarrollos académicos en América Latina han aportado criterios adicionales en el sentido de que "La educación ambiental tiene que considerar críticamente los factores económicos, tecnológicos, sociopolíticos y de su solución".[9] Y se ha afirmado:

> No enfocar estas dos cuestiones puede convertir a la educación ambiental en un asunto puramente pedagógico e informativo del tipo de habituar a los niños a no maltratar las plantas, a los adultos de la comunidad a no arrojar basuras y a los industriales a mejorar la limpieza de su tecnología, realizando las correspondientes inversiones.
> Naturalmente que todas estas acciones están bien, incluyendo las campañas para informar al público. Sin embargo, la perspectiva exclusivamente informativa, pedagogista y tecno-reformista oculta problemas que están en la base de la construcción de un mundo contaminado y que se está volviendo inhabitable.[10]

Los destinatarios principales de la educación escolarizada serían toda la población vinculada con todos los niveles educativos, desde la educación parvularia hasta la universitaria, pasando por la preprimaria, la primaria, el nivel medio, la formación docente, la educación técnica y la alfabetización.

Esta educación no requiere de una asignatura especial, sino que debe estar inserta en todas las asignaturas, con enfoques que deben permitir que la comunidad educativa, es decir, autoridades educativas, profesores, alumnos y padres de familia, puedan tener la oportunidad de reflexionar sobre cada uno de los comportamientos diarios que caracterizan a los seres humanos frente al entorno. Además, esta educación debe ser creativa, es decir, fomentar el enriquecimiento mental y espiritual como consecuencia de la explicación de los problemas, el planteamiento de soluciones concretas, y sugerir vías para que la comunidad educativa siempre tenga oportunidad de darse cuenta de que se van generando problemas ambientales a medida que avanza la civilización.

Para el fomento de esta educación ambiental, se requiere replantear la filosofía de la educación, modificar los currículos y reformar los programas de trabajo. Se requiere capacitar intensivamente a los maestros y fomentar la producción de materiales educativos. Y todo esto no tendrá éxito si no tiene lugar un amplio programa de promoción de la importancia de la educación ambiental en todos los estamentos de la sociedad.

El sapito minero es una especie venenosa de la selva Amazónica y del que se obtiene el veneno que las tribus de la zona ponen a sus dardos (Fotografía José Luis Jiménez).

La necesidad de disponer de mayor cantidad de tierras para la explotación agropecuaria ha obligado al hombre a desforestar zonas completas (Fotografía Richard E. Saunier).

CAPÍTULO III

LA PRÁCTICA DE LA EDUCACIÓN AMBIENTAL EN EL SISTEMA ESCOLARIZADO EN EL CONTINENTE

I. En busca de la institucionalización de la educación ambiental

La práctica orgánica y sistemática de la educación ambiental dentro del sistema educativo escolarizado del Continente es relativamente reciente, pero se arraiga fuerte y rápidamente. Los esfuerzos entusiastas, aunque aislados, de especialistas y profesores preocupados por la situación ambiental, que se hicieron presentes en varios países del Continente tan pronto como se dio la voz de alerta mundial sobre el problema, están dando sus frutos en la actualidad.

Hoy tiene lugar en el Continente un gran movimiento, orientado a trabajar de manera más orgánica en el campo de la educación ambiental escolarizada.

El principal gran obstáculo que ha habido que afrontar, y que aún subsiste en una buena parte de los países, es la falta de conciencia, en la sociedad en general, sobre el problema ambiental y el papel que la educación puede desempeñar para aportar soluciones duraderas. Esto ha sido evidente no solamente entre los políticos, secularmente poco informados sobre los problemas de la comunidad y el mundo, sino entre los administradores de la educación, los profesores y los demás miembros de la comunidad educativa.

No obstante, el factor que más ha conspirado contra la incorporación de la educación ambiental en el sistema escolarizado ha sido la falta de una mejor orientación local sobre el "objeto" de la educación. El problema ambiental, conforme había sido discutido en la Conferencia de Estocolmo, traía tantos matices de orden conceptual, de interpretación de sus causalidades, así como de sus implicaciones políticas, ideológicas y tecnológicas, e inclusive de sus efectos reales y predicciones apocalípticas, que tardó mucho en ser comprendido en sus reales dimensiones. Hay que recordar que sólo a principios de la década del ochenta la mayor parte de los países estaban recién completando sus diagnósticos nacionales del medio ambiente, y que inclusive hay algunos que no lo han hecho todavía.

Los pocos planteamientos educativos ambientales que habían antecedido a los primeros ensayos locales, y que provenían de los países desarrollados, traían un corte exclusivo "conservacionista" de las especies y de algunos recursos naturales, y abrieron pocas posibilidades para interpretar multidimensionalmente los problemas ambientales que deben ser afrontados por la educación.

Esto de la "conservación" despertó mucho entusiasmo en muchos ambientes académicos y educativos en casi todos los países de la Región. Fue evidente el interés en tratar de formalizar la problemática en el sistema escolarizado. No obstante, los esfuerzos dieron sus frutos solamente en pocos casos y de manera muy parcial. Los más beneficiados con este enfoque fueron los ámbitos univesitarios que tuvieron mayor capacidad y agilidad para incorporar algunas nuevas nociones de los problemas de los recursos naturales entre algunos de sus componentes curriculares. Esto fue especialmente cierto para las escuelas forestales o de agronomía. La producción bibliográfica y de materiales educativos, en ese ámbito, tuvo un gran desarrollo a mediados de la década de los setenta.[11]

En los ambientes escolarizados básicos y de nivel medio, la afluencia de la educación ambiental tuvo lugar eminentemente a través de ensayos y ejercicios de interpretación global de la problemática y el análisis puntual de problemas ambientales. Esto se hizo mediante charlas sueltas, seminarios de corta duración y, en muy pocos casos, cursos sobre algún tema específico.

Obviamente, esto preocupó a muchos investigadores y especialistas en educación, porque la evidencia científica arrojaba cada vez más datos de que los problemas ambientales eran mucho más numerosos que los inicialmente planteados, y que traían una complejidad causal mucho mayor que la que se había exhibido en los foros internacionales o locales.

A partir de aquí, al comienzo de la década del 80, los esfuerzos por una incorporación racional, sistemática y permanente de la problemática ambiental en la educación escolarizada empezó a cobrar más fuerza.

Las iniciativas más importantes se iniciaron en Costa Rica, Ecuador y Venezuela, donde se buscó influir en la estructura educativa, en especial en la planificación. Luego el trabajo orgánico se extendería a otros países, aunque el panorama general indicaba que hacía falta mucho para lograr una cabal "institucionalización" de la educación ambiental en los sistemas escolarizados.

Conforme a la ortodoxia del trabajo en el sistema escolarizado, por "institucionalización" se debe entender la inserción de la actividad ambiental en la totalidad de los procesos de administración de la educación, la planificación y el desarrollo curricular integral, el proceso de enseñanza-aprendizaje, la supervisión y la evaluación.

Una revisión global de la situación de educación ambiental de algunos países del Continente para fines de 1992, revela que hay iniciativas en marcha realmente importantes para cubrir toda esa gama de procesos de trabajo del sistema escolarizado, aunque, igualmente, hay algunos campos todavía intocados.

A continuación se pasará una breve revista a algunos de esos procesos, a la luz de la información que ha sido proporcionada oficialmente por algunos países a la Organización de los Estados Americanos (OEA), y la disponible en el mercado bibliográfico internacional.

II. Las políticas educativas y la educación ambiental

A. La trascendencia de las políticas

A pesar de que las políticas educativas deberían ser el blanco predilecto de toda estrategia encaminada a incorporar la educación ambiental dentro del sistema escolarizado, ésta es un área todavía frágil en la mayoría de los países de la Región.

Es difícil especular las razones que explicarían esta situación; pero es obvio que en el campo educativo está ocurriendo lo mismo que ocurre en otros campos asociados a la problemática del desarrollo sostenido y ambiental: el tema sigue siendo nuevo, y acaso controversial todavía, para los actores directos e indirectos de la tarea educativa escolarizada, como son: los promotores de la educación, los políticos, los administradores, el gobierno, la legislatura, los proveedores de bienes y servicios, los profesores, los padres y madres de familia, los líderes de opinión y los gestores de presión social y toda la comunidad. Esto tiende a frenar decisiones.

Además, el tema de políticas es difícil, duro de trabajar, porque está asociado directamente al manejo del poder político nacional, a la manifestación de la democracia en un determinado ambiente social, al concepto del desarrollo sostenido y a los modos de definirlas. Si no hay políticas mayores sobre la problemática del desarrollo sostenido y ambiental, menos las habrá en el campo educativo ambiental, sino excepcionalmente y contra toda lógica. Desde una visión de prospectiva, las políticas pueden mover muchos otros factores que inciden en una realidad dada; pero es un factor difícil de ser movido, por la ingente cantidad y diversidad de intereses y elementos que caracterizan su dinámica.

De hecho, el mismo término de "políticas" a menudo concita una serie de dudas y controversias que hacen poco fluido el proceso de trabajo en ellas. Los niveles y dimensiones de estas políticas son tan diversos que el solo querer aplicarlas puede poner en conflicto a las instituciones y los programas. La dimensión temporal de la vigencia de las mismas puede ser también un obstáculo, especialmente cuando hay bastante inestabilidad administrativa en las organizaciones. Pero, igualmente, hay inseguridad al definir a qué se llama política, o cómo se manifiesta esa política: ¿con decretos, normas, reglamentos, declaraciones, planes o programas? ¿Cuándo pasa un programa a convertirse en una política o al revés? Desde este punto de vista es difícil tener certeza de lo que representa en sí misma una política, por lo cual todo análisis debe intentar cubrir qué se resuelve y qué se hace, en términos generales, alrededor de una problemática específica, para concluir si en ese ambiente dado hay políticas explícitas.

Por ejemplo, las políticas generales, aunque estén inmersas en temas específicos como el ambiental o el desarrollo sostenido, no siempre pueden abarcar las necesidades de definición que a menudo se reclama desde otros niveles para "facilitar", permitir u orientar acciones; y ello puede motivar en otras instancias a definir esas políticas para la acción más detallada por la falta de la política mayor "tipo paraguas". Además en la práctica, eso es a veces más útil que la política mayor.

Para algunos propulsores de la educación ambiental, tal vez les resulte más cómodo trabajar en otros niveles donde el mandato político puede ser definido o reemplazado por mandatos o instrumentos jurídicos de menor jerarquía, cuya expedición no concita una ardua gestión y negociación. Por cierto su jurisdicción será más puntual, pero en algunos casos se considerará más provechoso aquéllo, antes que esperar una decisión mayor que tal vez no llegará o que vendrá cargada de una pesada instrumentación jurídica, burocrática y hasta quizá técnica, que podría ahogar cualquier esfuerzo o entusiasmo de trabajo.

No obstante esta reflexión, el trabajar en este campo es indispensable y los esfuerzos nacionales deben orientarse a ese fin. Es la mejor vía, aunque no la única, por la cual el Estado entraría en la corresponsabilidad de trabajar en el área en los diversos países. Sobre todo, es el mejor camino para articular una acción sistemática, orgánica, ordenada y sostenida para atender a una problemática, cuya resolución irá tomando cuerpo solamente a través de numerosos años, si desde ahora se actúa con prudencia, profundidad, seriedad y transparencia.

Una política definida o explícita es mejor que una política implícita, porque permite articular los diversos elementos y factores que subyacen a su aplicación e implementación. Son cruciales el apoyo político institucional, el apoyo financiero, un desarrollo administrativo coherente para que marche la planificación, la investigación, la capacitación, la práctica docente, la supervisión y la evaluación. Y más apoyo todavía será necesario si esta educación ambiental, como se la viene planteando, exige una renovación de contenidos, métodos y procedimientos de trabajo que, de alguna manera, obligarán a reajustes organizacionales considerables en todo el sistema y acaso a romper la rutina en todos los niveles de acción educativa.

B. *El interés de los gobiernos*

El querer determinar cuál es el mejor nivel, sitio o dimensión en que se debe empezar a definir una política de educación ambiental, o cuál es la mejor política, es muy difícil fuera del contexto mismo donde tiene lugar. Por eso, a continuación solamente se describirán algunos de los esfuerzos más importantes que se han realizado en el Continente con respecto a las políticas educativas.

La información hace mención a declaraciones, resoluciones, programas y planes que se han puesto en marcha, como indicadoras de la manifestación de esas políticas. No es el propósito de este documento juzgarlas, sino presentarlas para ilustrar su importancia y trascendencia.

En el *Uruguay*, como en la mayor parte de los países del Continente, "a nivel general del subsistema, se puede afirmar que no existe una política explícita y estructurada orgánicamente sobre educación ambiental"; pero "existe un grupo de departamentos que han definido un camino expreso para el tema". Dicha definición ha sido frecuentemente precedida por la creación de comisiones que han tenido el cometido de analizar la temática y proponer políticas para el área. Es en estos departamentos donde se encuentra un tratamiento más sistemático del tema. Es aquí donde se ha avanzado en el plano de las definiciones, en la clarificación de los conceptos y donde la organización del enfoque educativo ha desembocado en la elaboración de modelos teóricos que guían la acción pedagógica. La Inspección Departamental de Montevideo aprobó una propuesta de política explícita para el área en 1988, y lo primero que hizo fue definir la educación ambiental. En el Departamento de Canelones igualmente se han hecho explícitas las políticas de educación para sensibilizar a los estudiantes en los problemas ambientales. Creó en 1990 la Comisión Departamental de Educación Primaria; y en el Departamento de Rivera se ha desarrollado la mayor sistematización del enfoque de educación ambiental, pese a no contar con una política explícita.[12] Sin embargo, "...el nivel secundario carece de una perspectiva ambientalista que penetre en los contenidos de las diferentes asignaturas e impregne consecuentemente todo el diseño curricular. El subsistema no cuenta con una definición central de política que comprometa efectivamente a todos los actores del área, con el compromiso de educar a las futuras generaciones con sólidos valores, destinados a generar hábitos de respeto a la naturaleza y en la interacción con la misma". En cuanto a otros niveles educativos no hay políticas concretas, aunque están en proceso de desarrollarlas y ponerlas en vigencia.

En *Chile*, todavía no hay definidas políticas firmes de educación ambiental. "La ausencia de voluntad política en Chile para impulsar la defensa y promoción del medio ambiente se manifiesta, entre otras cosas, por la falta de una política nacional ambiental, por una legislación escasa y fragmentada, ausencia de institucionalidad, vacíos en la información ambiental disponible, un plan de desarrollo permisivo de contaminación y la obstaculización en la construcción de una conciencia nacional respecto a la problemática ambiental". El actual Gobierno se apresta a definir una política ambiental nacional que comprenderá una propuesta de legislación ambiental, un diseño institucional intersectorial y la elaboración de un Programa Nacional de Educación Ambiental. Uno de los objetivos específicos del programa es "formular y proponer una política nacional de educación ambiental que dé origen a una ley de educación ambiental".[13] El programa es asumido por los Ministerios de Educación y de Bienes Nacionales, que crearon la Comisión Biministerial de Educación Ambiental.

En *Guatemala*, ante la falta de políticas de educación ambiental, los grupos no gubernamentales gestionan ante el Gobierno la aprobación y expedición de una que sea explícita. La propuesta más elaborada es la de la Asociación de Investigación y Estudios Sociales de Guatemala, ASIES, cuyo propósito general es crear una "ética ambiental en la población, a través de programas permanentes y sistemáticos de educación ambiental". "Se propuso introducir, en los *pensa* de estudio del sistema educativo nacional, temas relacionados con el ambiente. También se consideró la importancia de crear y promover carreras a nivel medio y superior para profesionalizar y especializar en el campo ambiental".[14]

En el *Paraguay*, hay una política explícita sobre la educación ambiental, aunque no lleva ese nombre dentro de la política educativa. "En el campo educativo nacional constituye el eje y el punto de partida para iniciar y/o reformar en los planes de estudio los componentes de la Vida Familiar y Sexual, de Demografía y de Ecología". Esta educación trata sobre la relación del ser humano con sus semejantes. "La educación constituye un medio importante en la medida en que ella provee los resultados de la búsqueda científica —métodos y técnicas— adecuados para fundamentar acciones racionales, previsoras y responsables en la relación del hombre con su ambiente". Asimismo se afirma que: "En la perspectiva educativa, es fundamental abrir la reflexión sobre el hombre y los impactos de su presencia y de su acción en el mundo. Esta reflexión debe hacerse en la familia y en la escuela para lograr el objetivo de preservar para las generaciones futuras un mundo libre de desequilibrios ecológicos y donde las conductas de competencia, agresión y dominio sean reemplazadas por las de solidaridad".[15]

En la República de *México* hay definida explícitamente una política a partir de 1986, en que se puso en marcha el "Programa Nacional de

Educación Ambiental". Este se ha venido desarrollando en dos vertientes generales: capacitación y actualización del magisterio para la educación ambiental, e integración de la educación ambiental a los diferentes planes y programas de estudio del sistema educativo nacional. Cuenta con una Subsecretaría de Ecología dentro de la Secretaría de Educación desde hace algunos años. Además, está en marcha un programa especial de educación ambiental con indígenas. El programa busca asociar a la educación ambiental la escuela y la comunidad en los ámbitos formal y no formal. Entre sus principios se destaca la conveniencia del "uso, rescate y revalorización de la tecnología indígena en la utilización de los recursos humanos", así como la investigación participativa "para identificar los problemas, analizar y reflexionar sus causas y así crear las acciones colectivas que ayuden a solucionarlos".[16]

> Sin duda, las acciones emprendidas contribuyen a cumplir los objetivos de largo plazo de la educación ambiental, en cuanto a la modificación de la relación sociedad naturaleza; no obstante, es necesario continuar con los trabajos efectuados con la finalidad de avanzar día a día en la promoción de una conciencia colectiva de la población en relación con la conservación de los recursos naturales y la protección del ambiente.[17]

En *Colombia*, la educación ambiental tiene una larga tradición, con un proceso evolutivo considerable. La primera política que inspiró su inclusión en el sistema escolarizado apareció en 1974, cuando se dictó el "Código Nacional de los Recursos Naturales Renovables y de Protección del Medio Ambiente", que consagró la necesidad de reglamentar la educación primaria, secundaria y universitaria para dar cabida a la ecología y a la realización de jornadas ecológicas. Había un énfasis en conservación de recursos. Desde 1978 funciona la Comisión Asesora para la Educación Ecológica y del Ambiente, que depende del Ministerio de Educación Nacional. Un decreto presidencial (1337) afirma que "El Ministerio de Educación Nacional, en coordinación con la Comisión Asesora para la Educación Ecológica y del Ambiente, incluirá en la programación curricular para los niveles preescolar, básica primaria, básica secundaria, media vocacional, intermedia profesional, educación no formal y educación de adultos, los componentes sobre ecología, preservación ambiental y recursos naturales renovables".[18] Desde 1989, el Ministerio de Educación desarrolla los proyectos de "Estructuración, puesta en marcha y seguimiento del Plan Nacional de Educación Ambiental Formal y No Formal", y "Capacitación de Docentes en Servicio para la Educación Ambiental en la Escuela Básica Primaria". No obstante, se reconoce que "se hace necesario hacer un análisis detallado del mismo (estado de la educación ambiental), por parte de las directivas y profesionales, para trazar una política clara en materia de educación ambiental. Esta no puede ser resuelta como la simple promulgación de una norma o con un acto meramente administrativo, como sucedió con el Decreto 1337, sino que debe trascender, mediante acciones concretas, a todos los niveles de la educación y a través de cada una de las áreas del conocimiento; además, que abarque todas las dimensiones de la vida social e involucre a toda la comunidad educativa del país, alumnos, maestros, funcionarios, autoridades competentes, padres de familia, etc".

En el *Ecuador*, hay una política explícita de educación ambiental que se ha definido en el Reglamento General de la Ley de Educación y Cultura de 1985. Ahí se estipula que uno de los objetivos de la educación es "desarrollar el conocimiento de los recursos naturales e incentivar su defensa y aprovechamiento racional y equitativo para obtener el equilibrio ecológico y el crecimiento socioeconómico del país". "Fomentar la adquisición de hábitos de defensa y conservación de la salud y del medio ambiente y la adecuada utilización del tiempo libre, descanso y recreación", y "organizar actividades culturales, sociales, deportivas, de defensa del medio ambiente, educación para la salud, con participación de la comunidad". El reglamento fuerza a los estudiantes que terminan el bachillerato a realizar, entre otras actividades, tesis de grado en conservación y mejoramiento ambiental comunitario. No obstante, las actividades de educación ambiental se han enraizado en el sistema escolarizado desde 1984, en que se incorporaron contenidos a los currículos de preprimaria, primaria, ciclo básico del nivel medio e institutos de formación de docentes de primaria. Como parte de la política general, se han creado dos programas: el proyecto interinstitucional de Educación Ambiental, Educación para la Salud y Bienestar Estudiantil, en el que participan los Ministerios de Educación y Salud, el Instituto Ecuatoriano de Obras Sanitarias y la Fundación Natura, que es una organización ambientalista no gubernamental. Este último proyecto, lanzado originalmente en 1983, fue robustecido en 1988 para ampliar su cobertura temática y geográfica, con amplia dedicación a los aspectos de la revisión curricular en todos los niveles educativos, la capacitación docente, la producción de materiales educativos y la promoción de la educación ambiental con miras a su aplicación. El otro programa es el de educación ambiental y forestal, creado en 1990, el cual tiene más énfasis en la parte forestal, y está bajo la dependencia del Ministerio de Educación y Cultura. Este programa en la práctica ha puesto más énfasis en la forestación estudiantil; y cuenta con el auspicio de los Ministerios de Educación y Agricultura.

En *Venezuela*, la explicitación de las políticas de educación ambiental ha sido una constante a lo largo de los años. Es uno de los pocos países que cuentan con un Ministerio del Medio Ambiente en la Región de América Latina. La Ley Orgánica de Educación determina que "La educación fomentará el desarrollo de una conciencia ciudadana para la conservación, defensa y mejoramiento del ambiente, calidad de vida y el uso racional de los recursos naturales y contribuirá a la formación y capacitación de los equipos humanos necesarios para el desarrollo del país y la promoción de los esfuerzos creadores del pueblo venezolano hacia el logro de su desarrollo integral autónomo e independiente". La tradición de la educación ambiental se remonta a 1970, cuando se incluyó la dinámica ambiental en el currículo de pre-escolar, primaria y diversificado. En l974 se expidió el Decreto Presidencial por el cual se crean los clubes conservacionistas, bajo la coordinación del Ministerio de Educación. A partir de 1980 "se inicia un trabajo coordinado entre la Dirección de Educación Ambiental del Ministerio del Ambiente y de los Recursos Naturales Renovables y la Dirección General Sectorial de Planificación y Presupuesto del Ministerio de Educación, y se plantea una estrategia de trabajo para la inserción de la Educación Ambiental dentro de los niveles y modalidades del sistema educativo venezolano".[19]

En *Cuba*, pese a que la preocupación por la problemática del desarrollo sostenido y ambiental se remonta a 1959, solamente a partir del "curso escolar 75-76 se empiezan a considerar aspectos relativos a la protección de la flora y fauna, la salud humana, las aguas, los suelos y la atmósfera, principalmente". La Ley de Protección del Medio Ambiente y del Uso Racional de los Recursos Naturales de 1981, en su artículo 14, dispone que "...la enseñanza de las cuestiones fundamentales sobre la protección del medio ambiente se incluye en el Sistema Nacional de Educación de acuerdo con el tipo y nivel educacional de que se trate...". "La protección del ambiente y las actividades educativas aparecen en algunas de las leyes complementarias a la legislación de 1981. Igualmente, en la Constitución de la República, en los lineamientos económicos y sociales y en el Programa Nacional de Protección del Medio Ambiente, entre otros, se ofrecen las indicaciones del Estado para desarrollar la educación ambiental a través de los organismos de la administración central, para el período 86-90 y se establece la plataforma de trabajo para los próximos años".[20]

En el *Perú*, hay esfuerzos de institucionalizar la educación ambiental en el sistema escolarizado desde 1987, en que se lanzó el Programa Nacional de Educación Ambiental para Maestros, por iniciativa del Ministerio de Educación y APECO, que es una organización no gubernamental. El programa fue uno de los primeros en gran escala en el país, y estuvo dirigido a capacitar a un conjunto de maestros que posteriormente multiplicarían la acción en aspectos de filosofía y metodología de la educación ambiental.

En el *Caribe*, la información disponible indica que no hay políticas explícitas de educación ambiental. "Dado el hecho de que los Gobiernos Caribeños ahora aceptan que las consideraciones ambientales deben integrarse dentro de la planificación del desarrollo, es sorprendente que a la fecha (1990) no se hayan hecho esfuerzos concertados para introducir la educación ambiental en los sistemas educativos de la región".[21] Sin embargo, los esfuerzos en algunos de los países de la región parecen ser aislados. En el diseño de un programa de "Incorporación de la Educación Ambiental en la Educación Industrial para el Caribe", en 1988, se sugirió la conveniencia de definir una política nacional de educación ambiental y se logró.[22]

En *Nicaragua*, no ha habido una política abierta de educación ambiental propiamente dicha. Antes del actual período de gobierno, algunos contenidos de ecología se encontraban dispersos dentro de la asignatura de Ciencias Naturales. "El Ministerio de Educación de Nicaragua se encuentra en estos momentos en una etapa transitoria de la Transformación Curricular", en que se espera que se incluirá la problemática ambiental abiertamente.

III. La planificación educativa y la educación ambiental

Para que la educación ambiental pueda tener plena "institucionalización" en el sistema educativo escolarizado de cualquier país del Continente, el requisito básico es que penetre en el sistema de planificación educativa. La razón es de índole orgánica: pocas instituciones de la sociedad demandan tanta organicidad como los sistemas educativos formales. Si una temática no entra en el diagnóstico de las necesidades de educación de un país, no ingresará al contenido de los objetivos educativos nacionales o regionales y tampoco formará parte de las estrategias educativas especiales o de aplicación rutinaria. Todo lo demás que se haga en niveles inferiores de esta relación epistémica de procesos de la acción orgánica, quedará como meros "puntos sueltos" de acción, sin mayor efecto en los problemas que se quiere afrontar, aunque sean brillantemente realizados.

Por esta razón, es importante preguntarse cuánta actividad de educación ambiental que se ha realizado en esta última década en los diversos países del Continente no ha tenido lugar en esas instancias inferiores exclusivamente. Y la respuesta, posiblemente será: porque en una buena cantidad de países e instituciones, cuando se trata de la educación ambiental, el entusiasmo ha sido mayor para la acción concertado. "Honduras tiene numerosas instituciones involucradas en la educación ambiental, aunque no existe una política entre ellas ni una estrategia común para desarrollar sus actividades".[23]

Si para un comienzo de esta movilización universal de la conciencia de la humanidad dichos entusiasmos son esenciales, no es menos cierto que debe haber grupos que busquen trabajar la cuestión en términos orgánicos, sistemáticos y racionales.

Para que un proceso de planificación sea más efectivo, la disponibilidad de políticas explícitas en torno a la materia es indispensable, a menos que sus productos —el plan, programa o proyectos— constituyan en sí la expresión de esa política.

Las experiencias de intentos de poner la educación ambiental en contextos de planificación formal en los sistemas escolarizados, que se identifican en los diversos países del Continente Americano, son numerosas y muy heterogéneas. Como es de esperarse, han respondido a diversos procesos de induccción, priorización y oportunidad que se han desarrollado en cada país.

Pero veamos, cada país tiene su modelo, moda, formato o estilo para desarrollar la planificación educativa, y una integración de subsistemas tan particular, que resulta inútil querer calificarlos aquí como apropiados o no, y difícil siquiera de describirlos. Por ello, es conveniente analizar algunos de los "elementos" que intervienen en todo proceso lógico de planificación a nivel macrosectorial o subsectorial del desarrollo, como es la educación.

Primeramente, hay que reconocer que en la práctica de la planificación educativa oficial en los países del Continente hay dos macroinstancias de trabajo: la planificación de los modelos y estrategias educativo-instruccionales para todo tipo de programas y grupos sociales; y la planificación de los recursos nacionales para apoyar a la anterior instancia. En esta parte se analizará la primera instancia, mientras que la segunda se abordará más abajo.

La instancia de la planificación educativo-instruccional comprende procesos de: a) Investigación socioeducativa, que incluye el diseño de programas educativo-instruccionales sistemáticos; y b) Construcción de programas de inserción de la educación ambiental en el sistema. El flujo que se da entre esos procesos es muy *sui géneris* para cada país, e inclusive cambiante dentro de un mismo país, y depende de las ideologías o modelos teórico-metodológicos que los inspiran.

A. Investigaciones

● La investigación socioeducativa ambiental

De los elementos que comprenden los procesos planificativos, la investigación es el más importante. Constituye la mejor manera de insertar la educación ambiental en la realidad educativa de un país. Frente a una problemática tan extensa y compleja como la del desarrollo sustentable y ambiental, la investigación de sus implicaciones educativas resulta ser una necesidad impostergable si se desea una incorporación seria, profunda y adecuada de ella en los sistemas educativos escolarizados del Continente.

Al analizar la problemática de la investigación asociada a la educación ambiental, hay que visitarla desde dos ángulos: la macro-investigación socioeducativa y la microinvestigación pedagógica.

- La investigación socioeducativa

Los productos de la investigación socioeducativa —tales como datos y análisis de los problemas ambientales y su relación con el desarrollo sustentable, sus causas y efectos en la salud, la economía y el bienestar de los seres humanos en la naturaleza— son los constituyentes esenciales para la construcción de los programas mayores y los currículos escolares con sus correspondientes requerimientos de capacitación docente, producción de materiales, práctica educativa, supervisión y evaluación.

De la poca literatura disponible, parece que en los diversos países del Continente cada vez más se incorpora la dinámica ambiental en la caracterización de la problemática del desarrollo sustentable que enriquece los diagnósticos generales y particulares de la educación escolarizada. Pero es difícil llegar a determinar para este informe cuánto y cuán completos o bien caracterizados están los problemas, así como cuánto uso se da a sus resultados para construir políticas, metas, objetivos de corto y mediano plazo.

Habría que esperar, por cierto, poca actividad de investigación socioeducativa en el Continente, excepto en los países con mayores recursos e interés, que tradicionalmente han puesto mucha atención a todo lo que concierne a la educación, como son los Estados Unidos, Canadá, México, Brasil, Argentina, Cuba y algunos más. Y todo esto debido a problemas conceptuales sobre las prioridades nacionales que subyacen acentuadamente en estas culturas: generalmente la educación no está entre las grandes prioridades, aunque en muchos casos ocupe una buena parte del presupuesto; y dentro de la educación, la investigación científica y social también está entre las últimas prioridades, al ser concebida como una gran carga económica para los países pobres.

Tal vez influye también en esto el hecho de que la incorporación de resultados en los procesos de toma de decisiones en el ámbito educativo tiende a ser limitada. Se crea el círculo vicioso: si no hay uso, no hay interés por crear información, si no hay interés por investigar ¿por qué y para qué invertir ("gastar") en recursos? De esta manera, por ejemplo, tiende a ser lenta la actualización curricular, a través de la cual se pueden hacer las mejores absorciones de información sobre la realidad eco-social para el sistema escolarizado. Y las llamadas reformas educativas no han florecido realmente en la mayoría de los países en los pasados veinte años, entre otras cosas debido a los diagnósticos parciales de la situación.

De hecho, la calidad y enfoque de la investigación tiende a ser también una causa de la poca función que ella desempeña en el proceso de decisiones.

La unidimensionalidad y unisectorialidad de gran parte de la investigación acaso afecte a su utilidad. En cuanto al primer aspecto, la mayor parte de las veces se da una excesiva funcionalidad a la investigación, intentando que sirva solamente para determinados propósitos. Así, se anquilosa su perspectiva, cobertura y aporte para clarificar realidades y señalar rutas para la acción.

En cuanto al segundo aspecto, sólo en pocas ocasiones la investigación socioeducativa sugiere acciones que involucren varios sectores del desarrollo o la producción actuando juntos. Se plantean diagnósticos generales y se sugieren acciones exclusivamente sectoriales. Es una relación epistémica incoherente.

La ortodoxia de una investigación poco participante inhibe aportes, tanto para el logro de la información como para su uso y aplicación en cuestiones concretas dentro del inmenso campo de acciones educativas.

Mucho de esta situación de facto se replica para el caso de la educación ambiental, aunque, por la naturaleza de la temática, su simple incorporación en la macro investigación ya puede generar nuevos tipos de resultados y, de hecho, cambios.

Además, la temática entusiasma a la gente, porque en algunos casos se cruza sutilmente el estereotipo de una idea romántica del "amor a la naturaleza", con la idea de que se puede hacer algo concreto. La temática es tan grande y variada que en muchas áreas se pueden hacer aportes, y al instante.

Esto se puede testimoniar por la ingente demanda que hacen los actores de los sistemas educativos, especialmente maestros y profesores, de ser informados, capacitados y dotados de materiales para su acción educativa. No se sabe, sin embargo, hasta cuándo durará el entusiasmo.

En otros sectores, que ven la temática desde una perspectiva más global, hay animación para interpretar los problemas multisectorialmente y más certidumbre sobre la importancia de la investigación científica. En el fondo, la temática genera un fermento de acción, porque una vasta información científica está mostrando los errores cotidianos en que incurre toda la humanidad sin distingo de credos ideológicos, políticos, religiosos, de raza o nacionalidad. Parece que se cree un poco más acerca de la participación social, aunque subsisten los clásicos problemas de falta de creatividad para la identificación de temas prioritarios de investigación.

Un ejemplo de esto es el proyecto de investigación diagnóstica de los problemas ambientales que a nivel de provincias lleva a cabo el Ministerio de Educación y Cultura del Ecuador. Se busca tener una caracterización de los problemas ambientales locales, desde la perspectiva de la comunidad educativa, para incorporar sus resultados a la capacitación docente local, a la producción de materiales y al enriquecimiento del curriculo en la porción y proporción en que están autorizados a hacerlo. Con esto, se intenta devolver a la comunidad educativa (profesores, alumnos y miembros de la comunidad) el derecho a investigar y la obligación de hacerlo para cumplir a cabalidad su función. El proceso intensifica el diálogo entre los actores de la investigación para buscarle aplicación a los resultados y propender a soluciones en diversos niveles. Sus resultados se devuelven a la comunidad educativa y se la presenta a la opinión pública y a las autoridades para fomentar acciones. Su proceso de trabajo es relativamente fácil, porque aplica metodologías sencillas de colectar y analizar información; exige organización, planificación y disciplina.[24]

Ensayos como estos son importantes para satisfacer una amplia gama de necesidades de información que una educación moderna demanda. Para el logro de una gran cantidad de inventarios sobre la problemática del desarrollo sustentable y el medio ambiente pueden ser de particular utilidad, temas tales como: especies de flora y fauna en extinción, sitios de contaminación y deterioro evidente, áreas de protección en peligro, normas, reglamentos dispersos, violaciones típicas en que incurren determinadas instituciones, prevalencia de enfermedades ambientales, programas de desarrollo comunitario, etc.

Los programas de educación ambiental y la educación indígena en México proclaman la importancia de la investigación participativa. Esta "reconoce y ordena el conocimiento popular a partir de la manifestación de opiniones, observaciones y sugerencias de todos aquéllos que se encuentran involucrados en el trabajo de la investigación. No es simplemente el investigador el que investiga la realidad y el único en obtener el conocimiento de esta realidad, sino que son todos los miembros de la comunidad que se investiga los que construyen el conocimiento: padres de familia, autoridades, maestros, alumnos, "principales", consejo de ancianos, etc." Y por todo esto "la investigación participativa se propone como un método adecuado para apoyar los procesos de educación ambiental formal y no formal".[25]

En Guatemala, la propuesta del proyecto de educación ambiental contempla el desarrollo de servicios de información ambiental para robustecer la investigación.

En Bolivia y Ecuador, Organismos no Gubernamentales (ONGs) ambientalistas han desarrollado investigaciones para conocer los niveles de conocimientos, actitudes y prácticas de los docentes de primaria y nivel medio sobre la problemática ambiental y la educación ambiental. Los resultados comparativos enseñan que en pocos años hubo cambios positivos substanciales en conocimientos y actitudes. La información se nutre de los establecimientos educativos.[26]

En Chile, se prevé combinar el trabajo de investigación que puedan realizar los maestros con el de los "Consejos Comunales del Medio

Ambiente" locales y regionales, para que "desde allí también se elaboren diagnósticos y soluciones de la problemática ambiental".

- La investigación microeducativa

La trascendencia de la investigación microeducativa es igualmente grande, porque permite una identidad mayor entre los modelos, formatos y técnicas pedagógicas específicas, que se apliquen o deseen aplicarse en el sistema escolarizado, con los modos y formas en que las audiencias educativas correspondientes perciben a esa educación ambiental así como a la problemática socioecológica en la que están inmersos y en la cual desean y deben intervenir para influirla con sus hábitos, sus percepciones, sus actitudes, sus comportamientos y decisiones cotidianos.

En relación con este tipo de investigación, hay poco informe del trabajo que tiene lugar en la mayor parte de los países del Continente. Pero se presume que hay bastante de lo que se ha observado en encuentros internacionales de especialistas en educación ambiental. Es un campo vasto y que llama a la creatividad, cuando hay recursos.

Una gran gama de trabajo se realiza en investigación sobre percepción de imágenes y contenido de materiales educativos. El análisis de mensajes de los textos y guías didácticas, para examinar las "otras lecturas" desde la perspectiva de la problemática del desarrollo sustentable y ambiental cobra mayor interés.

Igualmente hay mucho interés para experimentar y ensayar nuevos métodos pedagógicos para mejorar la práctica docente, la investigación científica, la enseñanza de ciencias. Esto, no obstante, se realiza mayormente en establecimientos privados y con la intervención de ONGs educativas y ambientalistas. El Estado se siente, a veces, impotente para absorber los costos que demandan estos tipos de actividades íntimamente asociadas con los esfuerzos de mejoramiento de la calidad de la educación.

En Uruguay hay esfuerzos sistemáticos de investigación metodológica para abordar la temática ambiental, tanto a nivel general de escuela como particular del salón de clase. "El enfoque se centra en el proceso, donde lo que se focaliza es el cómo, el método de aprender a aprender, el aprender a ser".

Los procesos que están en la base de este concepto se desarrollan a lo largo de todo el ciclo primario. La observación en el primer año, la clasificación en el segundo, la comunicación que se inicia en el tercer año, la inferencia en el cuarto: "Los temas ambientales, debido a su carácter interdisciplinario y a sus complejas interrelaciones se prestan efectivamente para el desarrollo de la capacidad de la inferencia", la predicción y la experimentación en quinto y sexto, respectivamente.

B. *Construcción de programas de inserción de la educación ambiental en el sistema*

El disponer, algunos países, de políticas abiertas de educación ambiental, les ha facilitado realizar esfuerzos de inserción de la educación ambiental en el contexto de los sistemas escolarizados de educación, aunque en la mayor parte sean embrionarios, como es el caso de Chile, Paraguay y algunos países del Caribe.

A continuación se describirán brevemente algunos de esos esfuerzos, y se podrá ver que dirigen sus actividades al mismo fin.

Los objetivos del "Programa Nacional de Educación Ambiental" de Chile buscan: formular y proponer una política nacional de educación ambiental que dé origen a una ley de educación ambiental; incorporar la dimensión ambiental y ecológica en la enseñanza básica, media y universitaria mediante su inclusión en planes y programas; desarrollar programas de capacitación en educación ambiental para el magisterio; desarrollar programas permanentes de perfeccionamiento para profesionales de diferentes áreas; desarrollar programas de educación ambiental a nivel comunal y local; y desarrollar campañas de educación ambiental.

El Ministerio de Educación Pública de Costa Rica tiene en marcha el Programa Nacional de Educación Ecológica. Este funciona en el Despacho del Ministro de Educación y se coordina y coopera con entidades nacionales, entre ellas los Ministerios de Salud, Recursos Naturales, Energía y Minas, Agricultura y Ganadería. Entre sus objetivos generales se destacan: fijar una política educativa que responda a la necesidad de impulsar la educación ecológica como una herramienta útil en la acción de la conservación, el desarrollo y la utilización de los recursos naturales; desarrollar una conciencia ecológica; fomentar la educación ecológica como un medio de mejorar la calidad de vida y dentro de un concepto equilibrado entre conservación y desarrollo; por medio de un enfoque interdisciplinario; integrar y coordinar los programas y las acciones de educación ecológica que se llevan a cabo en el país; introducir en los programas de educación formales y no formales el enfoque ecológico como un propósito fundamental de la educación general en el país; y divulgar los problemas ecológicos desde una perspectiva educativa.

El gobierno de Honduras tiene en marcha el proyecto de "Educación Ambiental 1990-1994", que busca la coordinación interinstitucional para el desarrollo de acciones conjuntas sobre Protección y Conservación del Medio Ambiente

La Asociación Caribeña de Conservación tiene en marcha un programa regional para institucionalizar la educación ambiental en todos los países de la región, denominado "Towards an Environmental Education and Communication Strategy for the Caribbean". Sus objetivos son:

fortalecer la capacidad de organizaciones claves a nivel regional, gubernamental y no gubernamental, para desarrollar y proveer educación ambiental efectiva y programas de concientización pública; producir un cuadro de profesionales entrenados y comprometidos a trabajar con los gobiernos nacionales, grupos de jóvenes y la comunidad y el público en general; desarrollar una red de información sobre el medio ambiente, que proveerá a los comunicadores de los medios masivos y líderes que toman decisiones, información actualizada, relevante y utilizable, para facilitar un adecuado proceso de informar y de toma de decisiones sólidas y saludables; y asegurar el apoyo de los gobiernos nacionales, para el trabajo local y regional de las ONGs, otorgando credibilidad a los programas y proyectos a nivel nacional.

C. *La construcción curricular sobre educación ambiental*

- Concepto de la educación ambiental

La construcción curricular es la tarea más ardua y sensitiva de la actividad educativa sistemática. De su estructura y contenidos depende buena parte de la calidad de la educación en todos los países. De ahí que sea tan importante la investigación educativa sobre el ambiente y el desarrollo sustentable, porque es la que le provee los insumos de información sobre las necesidades de la sociedad en relación con la educación.

Al ser el currículo el centro vital de los procesos de educación, no es sorprendente encontrar, en casi la totalidad de los países del Continente, considerables esfuerzos para la construcción curricular sobre la problemática ambiental. Hay gran diversidad de enfoques y planteamientos, pero todos tienden a confluir hacia objetivos generales bastante similares.

No obstante, parece que hay todavía alguna inseguridad en algunos países sobre la orientación que deben tener estos currículos; y posiblemente eso se deba a la vertiginosa evolución conceptual que ha habido alrededor de la problemática, o a que sólo recientemente están afrontando el tema. Por ejemplo, Antigua y Barbuda afirma que su currículo aprobado en 1980 no enfoca problemas ambientales, porque esos temas no eran fundamentales en aquel tiempo; sólo en este año, al haberse completado el borrador del primer perfil ambiental del país, ha empezado a crearse el interés.

No obstante, hay otras causas también: para un problema multisectorial y multidimensional tan dinámico como la problemática del desarrollo sustentable y ambiental, se requiere un concepto bastante nuevo de la educación. Y en buena parte de los países esto parece no haberse iniciado en forma integral.

Costa Rica ha adoptado ya una definición que dice: "La educación se asume como un proceso que propicia el desarrollo individual y social del ser humano, coadyuvando por lo tanto a su maduración biológica y ocupándose fundamentalmente de la transmisión y producción de cultura entre las distintas generaciones que conforman el conglomerado social. La educación es un proceso constante, que como tal se da permanentemente, es vida y preparación para la vida, es reconstrucción constante de la experiencia, es un medio para convertir al hombre en heredero del capital cultural formado por la civilización y a la vez productor de capital cultural. Ocurre desde que el individuo nace hasta que muere, incluso hay seres muertos físicamente, pero que siguen educando con su obra. Se concreta en el acto de conocer, al interaccionar el hombre como sujeto, con distintos objetos de conocimiento, naturales, sociales y culturales".[27]

Venezuela también ha adoptado su conceptualización: "La Educación Ambiental se define como el proceso que posibilita la formación de un hombre capaz de comprender la complejidad producida en el ambiente por la interacción de sus componentes naturales y socioculturales, a la vez que permite ser crítico, emitir juicios de valor y adoptar normas de comportamiento armónicas con estos juicios. Además, se entiende cómo la realización de un conjunto de actividades desarrolladas a través de múltiples medios e integradas en un proceso sistemático y permanente, dirigido a promover cambios de comportamiento en todos los sectores de la población. Esto evidencia la adopción de nuevos valores orientados hacia la conservación, defensa y mejoramieno del ambiente, cuya finalidad última es mejorar en forma constante las condiciones de vida de las generaciones actuales y futuras".

Para Uruguay, "La educación ambiental es definida como: la educación destinada al reconocimiento y clarificación de los valores, actividades y conceptos concernientes a la relación del individuo y su cultura y su ambiente biofísico. Es indispensable una educación ambiental que no sólo sensibilice, sino que también modifique actitudes y además proporcione conocimientos sobre el tema... No es mero intercambio de informaciones y conocimientos fragmentarios sobre ciertos problemas, por ejemplo la contaminación de un arroyo o la polución del aire. Transmitida así fracasaría. Por el contrario, se debe introducir en los procesos educativos y así ganar los sistemas de educación".

Para el gobierno de México, "la educación ambiental encuentra su justificación dentro del proceso de enseñanza-aprendizaje porque, a través de éste, intenta rescatar la conciencia crítica del individuo y de la colectividad en torno a los problemas que afronta el medio ambiente. La educación formal apoyada por la educación informal, coadyuva a la adquisición de conocimientos, a la interiorización de hábitos y al desarrollo de actitudes tendientes a la modificación de la conducta".[28]

La construcción curricular se ampara en dos tipos de prácticas: la formulación de objetivos educativos y la formulación de programas de estudios. Esta última comprende el diseño curricular general y la orientación de los contenidos.

- La formulación de objetivos de educación ambiental

Algunos enunciados curriculares en diversos países se mantienen irónicamente todavía en el marco de un "cientificismo" y de un reduccionismo biológico o ecológico a ultranza, pese a tener argumentos conceptuales sobre la educación ambiental bastante abiertos. Otros tienden a abarcar áreas sociobiológicas bastante amplias. Pero hay aquéllos que buscan una posición intermedia entre las dos. Hay alguna ventaja de trabajar en esta última posición: se trabaja con mucha más libertad y posibilidades de controlar los elementos curriculares, tales como tiempo, información, métodos y las circunstancias que generan creatividad y una adaptación mayor a las condiciones socioecológicas que caracterizan a un país dado.

Del examen de la postulación de objetivos y contenidos curriculares de los programas de educación ambiental de varios países del Continente, se observa que tras ellos ciertamente hay algún bagaje de investigación básica ambiental y sobre la problemática del desarrollo sustentable. No obstante, parece que hace falta más sustento interpretativo de la realidad de los problemas ambientales en cuanto a sus causas inmanentes o naturales y los factores sociales de diverso género, nivel y dimensión que influyen sobre ellos.

Sabiendo que la formulación de objetivos educativos de la educación está influida por las conceptualizaciones filosóficas y teóricas de la educación y del sujeto de estudio, no es dable intentar por ahora el análisis de aquellas que subyacen en las formulaciones dentro de la educación ambiental en el Continente. De hecho son muy específicas para cada país. Pero para ilustrar esta diversidad, se describirán brevemente los enfoques que alimentan la tarea de formular los objetivos de unos pocos casos. De ahí se aprende mucho.

En México, las Secretarías de Desarrollo Urbano y Ecología, al plantear consideraciones curriculares para la incorporación de la educación ambiental en la escuela primaria, señalan haber tomado en cuenta las siguientes "contraposiciones" alrededor de la problemática ambiental:

- *Concepción de ambiente simplista o compleja.* Se considera simplista a aquella concepción que estudia a los seres vivos, incluyendo o no al hombre, sólo desde una óptica físico-biológica, esto es, sin tomar en cuenta la dimensión social. Compleja a la que incorpora lo social. La importancia de esta contraposición radica en la nueva perspectiva que adquieren las Ciencias Naturales en general y la Ecología en particular, al incorporar el aspecto social. Tal enfoque es ineludible cuando se analiza la problemática ambiental, puesto que no puede estudiarse el ambiente al margen del impacto que, sobre éste, producen las actividads humanas.

- *Ambiente entendido como inventario de recursos naturales o ambiente desde una perspectiva dinámica.* La primera considera al ambiente como fuente de recursos a explotar, estudiando a los seres vivos a través de su clasificación, características y funciones, de manera aislada, al margen de las relaciones dinámicas que se observan entre éstos; y la segunda concibe al ambiente a partir de estas relaciones entre el conjunto de todos los seres vivos y su hábitat. Para la comprensión de la problemática ambiental se requiere el manejo de un concepto dinámico de ambiente.

- *Ecosistema dominante o importancia equivalente.* Se trata de analizar cuál es el tratamiento que se hace en torno a los ecosistemas del país y del mundo. Es decir, si se describen diversos ecosistemas concediéndoles la misma importancia a todos, o si únicamente se mencionan algunos de ellos. Es importante tener presente esta contraposición, en la medida en que se ha otorgado en el país una importancia mayor a la explotación de los bosques templados y zonas tropicales, lo cual ha ocasionado, entre otros problemas, erosión y desertificación; y se ha desaprovechado el rico potencial que ofrecen las regiones áridas y semiáridas del país, que de hecho constituyen la porción mayoritaria del territorio nacional.

- *Contexto rural y contexto urbano.* Es importante el análisis del tratamiento que se hace sobre estos ámbitos y sus interrelaciones, porque las medidas que se toman para las áreas urbanas no son aplicables a las rurales. Los problemas ambientales requieren programas específicos.

- *Aprovechamiento diversificado o manejo centrado en unos cuantos recursos.* Se pretende analizar si estos temas se presentan en los libros y de qué manera se trabajan. La problemática ecológica, en múltiples casos, se origina por un mal manejo de los recursos, tal es el caso de la agricultura intensiva y el monocultivo. México es un país con climas y recursos diversos, cada uno de los cuales puede aportar mucho, si se adoptan estrategias productivas y de desarrollo acordes con sus condiciones y características.[29]

En Costa Rica, el "Marco Referencial para el Currículo de la Educación Ecológica", conceptúa a ésta "desde una perspectiva integral", que "agrupa distintas disciplinas que al interactuar deben buscar definir claramente la forma de alcanzar la restauración del equilibrio ecológico, de manera que se establezca una existencia en armonía entre el hombre y la naturaleza. Esa tarea debe ser reponsabilidad de políticos, religiosos, educadores, científicos, industriales y, en general, de todos los sectores de la sociedad costarricense. Por ello debemos compartir la responsabilidad de lograr mantener ese equilibrio con el ambiente".

Encuentra que es indispensable incluir la dimensión ecológica dentro de la educación: "... para prestar atención a los problemas ambientales que afectan la calidad de vida de los ciudadanos; primero, debemos comprender los procesos biológicos sociales que se ven afectados y sus causas; segundo, es importante saber cuáles son sus límites y grados de tolerancia; y tercero, debemos conocer cuándo nuestras acciones originan alteraciones ecológicas irreversibles". Señala que el conocimiento es indispensable para poder lograr una verdadera comprensión de los fenómenos naturales y del impacto e influencia del ser humano sobre ellos, "introduciendo... una formación ética de comportamiento ante el medio. Para lo cual se debe canalizar y generar información que permita la convivencia de la especie humana con el resto de las especies animales y vegetales que habitan el Planeta, respetando sus distintas asociaciones biológicas".

En Venezuela, los objetivos de la educación ambiental son trazados así:

- Desarrollar, trasmitir y producir conocimientos que permitan aprehender la problemática del ambiente a nivel local, nacional y mundial, de tal manera que los educandos y la población en general conozcan y tomen conciencia de la realidad ambiental venezolana.

- Desarrollar valores y actitudes individuales y colectivas tendientes a crear una interacción más armónica entre el hombre y el ambiente.

- Desarrollar capacidades y habilidades científicas, sociales y técnicas que permitan a los individuos y comunidades participar como ciudadanos en la solución de los problemas ambientales de cada localidad.

El fin último de la educación ambiental será la participación efectiva y constante de la población en la búsqueda de una mejor calidad de vida, entendiéndose ésta como el conjunto de condiciones físicas, psicológicas y sociales necesarias para el desarrollo integral del hombre.

En Chile el Programa Nacional de Educación Ambiental, PRONEDAM, se incorporará en todos los niveles educacionales, con el objeto de que:

- El estudiante, a través de la Educación Ambiental, logre crear hábitos de responsabilidad y, a la vez, cambiar sus normas conductuales negativas por positivas, evitando así provocar deterioro ambiental.

- Los educandos no sólo aprendan 'conceptos teóricos', sino que también puedan organizarse para realizar actividades tendientes a dar solución a situaciones ambientales, tanto en el Centro Educativo como en la Comunidad, lo que contribuirá al desarrollo y bienestar de todos. Naturalmente, esto les permitirá desarrollar habilidades y destrezas para: conocer, comprender y valorar el Medio Ambiente, y por tanto, sentirse integrados a él.

- A través de la Educación Ambiental, el alumno logre integrarse a una 'mejor vida', en la comunidad que le corresponde.

- Logre conocer y aprovechar, mucho mejor, los recursos humanos y materiales de la Comunidad Educativa.

- Se logre una información adecuada y al alcance de toda la Comunidad Escolar, la cual les permita conocer la realidad del país y sus recursos naturales renovables y no renovables, como asimismo, la magnitud del deterioro progresivo de éstos.

- Logren mantener y mejorar tanto el ambiente físico como el humano.

- En toda la comunidad educacional, se logre crear el sentido de 'responsabilidad compartida', es decir, 'que participe cada uno y todos a la vez'.

- Toda la comunidad escolar logre ser 'motivada' en el desarrollo de acciones concretas que conlleven al beneficio y aprovechamiento racional del Medio Ambiente.

En el Caribe, los principios que han guiado a la Asociación Caribeña de Conservación para la postulación de los objetivos de educación ambiental que está aplicando en su actividad de asesoría para que en cada país formulen e implementen sus programas nacionales de educación ambiental y concientización pública ambiental, son los mismos que se recomendaron en la Conferencia Intergubernamental de Educación Ambiental de Tbilisi de 1977, la cual enfatiza en las siguientes categorías de objetivos de educación ambiental:

- Conciencia: para ayudar a los grupos e individuos a adquirir conciencia y sensibilidad sobre el medio ambiente y sus problemas asociados.

- Conocimiento: para ayudar a los grupos sociales e individuos a ganar una diversidad de experiencia y lograr un entendimiento básico del medio ambiente y sus problemas.

- Actitudes: para ayudar a los grupos sociales e individuos a adquirir un conjunto de valores y sentimientos de preocupación por el medio ambiente, y la motivación para una participación activa en la protección y mejoramiento ambiental.

- Destrezas: para ayudar a los grupos sociales e individuos a adquirir destrezas para identificar y resolver los problemas ambientales.

- Participación: para proveer a los grupos sociales e individuos de la oportunidad de estar envueltos activamente en todos los niveles en el trabajo destinado a la resolución de los problemas ambientales.

El proceso de educación ambiental en Cuba está orientado al logro de los siguientes objetivos:

- Desarrollar en la conciencia de niños y jóvenes la necesidad de cuidar y proteger el medio ambiente y lograr una sensibilidad ante los problemas ecológicos.

- Contribuir a la adquisición de conocimientos y desarrollo de actitudes, habilidades, motivaciones, convicciones y capacidades que permitan la formación de una personalidad que determine las causas y efectos de los problemas del medio ambiente y posibiliten la participación en el mejoramiento del entorno natural.

- Crear en los educandos la conciencia sobre la interdependencia económica, política y ecológica del mundo contemporáneo, con el fin de intensificar la responsabilidad y solidaridad entre las naciones.

- Formulación de programas de estudio

La formulación de programas de estudio comprende el diseño del *pensum* específico por niveles de educación según los grupos etáreos, por ciclos dentro de cada nivel, por áreas de estudio, por asignaturas y por unidades. El *pensum* implica definir objetivos pedagógicos y dar las orientaciones de los contenidos.

A partir de la revisión de la literatura disponible, se encontró que alrededor de estos asuntos hay una gran riqueza de enfoques y estilos en algunos países. Aunque obviamente cada uno responde a las necesidades particulares de su país, entre muchos de ellos hay bastante coincidencia. Por ejemplo, está aceptado, en la mayor parte de los países, que el enfoque de trabajo debe ser multidisciplinario. Esto implica que no debe incluirse la variable desarrollo sustentable y ambiental como una asignatura especial, sino que debe cruzar por todas las asignaturas que estén presentes dentro de los programas.

Se ha encontrado que solamente la Secretaría de Educación Pública de Honduras ha propuesto una asignatura especial de Educación Ambiental para el Bachillerato de Promoción Social, en los cursos II y III. "Durante el desarrollo del programa se estudiará la ecología, el medio ambiente, elementos del medio ambiente, medios para mejorar el ambiente, conceptos de salud, organismos que participen en programas de salud, el control y previsión de enfermedades infecto-contagiosas, primeros auxilios".[30]

La multiplicidad de disciplinas demanda también que la educación ambiental se aplique en todos los niveles del sistema educativo escolarizado. En los programas que se anuncian en varios países del Continente se observa una tendencia a aceptar este criterio. En el Ecuador, además de trabajar oficialmente en los niveles clásicos de preprimaria, primaria, nivel medio, colegios técnicos e institutos de formación docente, se han realizado avances importantes para incorporar la educación ambiental en las guarderías infantiles, para niños y niñas desde los 3 años de edad, las cuales están bajo la administración del Ministerio de Bienestar, y en los programas de alfabetización y postalfabetización.[31]

Finalmente, esta multiplicidad de disciplinas también implica trabajar en algunas instancias de la administración de la educación: la supervisión escolar, la evaluación educativa, los sistemas de información estadística, la administración de recursos humanos y físicos, la investigación y la planificación educativa. Los dos últimos ya fueron analizados más arriba sobre los demás hay poca información disponible.

En el Ecuador, el sistema nacional de supervisión escolar ha sido penetrado por la educación ambiental, desde que hay operaciones de capacitación docente, práctica de docencia, producción de materiales, investigación y promoción de la educación ambiental que están en marcha. Los manuales y planes y programas de supervisión han sido modificados para tomar en cuenta la educación ambiental; y algunos procedimientos ya están en marcha.

La microevaluación pedagógica también ha sido automáticamente incorporada en la mayor parte de los programas de grados y cursos en que se trata la educación ambiental. Esta tiende a formar parte de los componentes de las unidades de trabajo de los *pensa*. Los contenidos de las guías didácticas de educación ambiental de varios países así lo muestran. No obstante, la macroevaluación educativa todavía no ha penetrado en la mayor parte de los sistemas educativos. Será necesario que en los próximos años se destinen algunos recursos para su desarrollo.

En lo que se refiere a la incorporación de la dimensión ambiental en la administración organizativa general de los sistemas educativos, no hay vestigios de preocupación o interés. Y esto es cierto porque el potencial impacto que puede causar en el ambiente, la infraestructura y el funcionamiento inherente al sistema educativo escolarizado de un país, el cual es tan grande, no es comparable con la influencia que puede tener la administración educativa en la problemática de la educación ambiental.

En cuanto a lo primero, en los países del Continente, quizá con alguna excepción en los Estados Unidos y Canadá, apenas si se han dado avances en los estudios de análisis de impacto ambiental de las organizaciones; incluyendo a las educativas. En consecuencia, no se han hecho análisis, por ejemplo, de si las instalaciones educativas están impactando o no en el medio ambiente (uso de suelo para construcciones y campos de recreo), o si las operaciones educativas que demandan el uso de recursos naturales, tales como el papel, la tinta, la madera, etc., seguirán teniendo incidencia ambiental.

En cuanto a lo segundo, hasta dónde la educación ambiental, para consolidarse en el contexto orgánico de la educación escolarizada, está siendo analizada desde la perspectiva administrativa, lo cual significa: estructuración orgánica y funcional, respaldo presupuestario y administrativo, etc. Hay que recordar que los enfoques de la educación ambiental demandan evolucionar los métodos del trabajo didáctico, trabajar al aire libre, fuera del aula, en las áreas protegidas, con ensayos, experimentos, estudios, favoreciendo una mayor participación de la comunidad educativa, y la producción de una ingente cantidad de materiales de información, enseñanza, investigación, etc. ¿Cómo se van a afrontar los problemas de costos, movilización y otros conexos? No se ha encontrado un solo testimonio que muestre que haya interés al respecto en el Continente.

A pesar de todo, se ha encontrado que uno de los aspectos que más caracterizan a la educación ambiental, en lo que corresponde a la formulación de programas de estudio, es la singularidad y diversidad de las actividades que se realizan y proponen. Pocas áreas de interés social han demostrado ser tan creativas e innovadoras en el sistema escolarizado de educación como la problemática ambiental. Esto, aparentemente, es consubstancial con la naturaleza de los problemas de que trata; pero parece que lo que más incide en ello es la nueva actitud de los docentes, quienes tienden a dar una interpretación cada vez más rica a los problemas educativos cuando los asocian con el desarrollo sustentable de las naciones.

En este nivel de trabajo, hay una intensa actividad en todos los países del Continente. Y siendo, como es, parte medular de los procesos educativos de un país, ello indica que hay cada vez más una especie de consenso, acerca de lo que debe entenderse como buena educación ambiental. A continuación se presentan algunos criterios como prerrequisitos de la educación ambiental en diversos países:

- Se requiere que la educación ambiental sea práctica y menos teórica;

- Que vincule la visión atomista del mundo con la visión global de los macroecosistemas y sistemas sociales del mundo;

- Que responda a los intereses de todos los individuos y grupos que participan en el proceso educativo;

- Que combine con creatividad los métodos pedagógicos clásicos con los modernos;

- Que fomente el uso de métodos pedagógicos inductivos, para que se capacite al estudiante a interpretar los problemas y plantear soluciones;

- Que asuma lo recreativo y el uso del tiempo libre con mayor positivismo y pragmatismo;

- Que se conceda más tiempo para que los educandos puedan realizar observaciones en la naturaleza e investigar informal o formalmente;

- Que se produzcan más materiales educativos destinados a los alumnos y a los profesores;

- Que se fomente más la comunicación entre los miembros de la comunidad educativa, de modo que el maestro deje de tener la hegemonía en los procesos;

- Que se vincule más la educación con los requerimientos de la vida cotidiana;

- Que se fomenten más los intercambios de información socio-ecológica y educativa entre zonas, regiones, países y continentes;

- Que se reduzca al máximo el abismo de tiempo que hay entre la producción de información científica y su incorporación en los currículos escolares, para así crear la noción de ser parte de los problemas mundiales y locales;

- Que se fomente más la organización formal e informal de los estudiantes en todas las instancias y niveles educativos para habilitarlos a tomar acciones concretas de defensa y protección del medio ambiente;

- Que se aumenten y diversifiquen las fuentes de información sobre la problemática ambiental y que se garantice el acceso a ellas por parte de todos los grupos sociales;

- Que se permita una participación más activa de la comunidad, la empresa privada y las organizaciones no gubernamentales en los procesos de financiamiento de recursos y el trabajo.

IV. La capacitación docente sobre la educación ambiental

Pese a toda pretensión de la teoría moderna de restarle un poco de hegemonía al profesor dentro del proceso de enseñanza-aprendizaje en el sistema escolarizado de educación, éste sigue siendo clave. La llamada modernización educativa ha modificado muy poco la práctica educativa en la mayor parte de los países en desarrollo del Continente, especialmente durante las pasadas dos décadas; y se han conservado intactas determinadas estructuras educativas.

En ese contexto, el "talón de aquiles" más importante que afronta el sistema para remozarse, modificarse o revolucionarse es la capacitación o actualización docente. Algunos países, tales como Chile, México y Brasil, disponen de sistemas y mecanismos de capacitación docente muy desarrollados, y pese a ello confrontan necesidades ingentes. En otros países con limitaciones para poner en marcha estos sistemas, las necesidades son aún mayores.

Por tal razón, esta es un área que, en el proceso de incorporación de la educación ambiental dentro del sistema escolarizado de educación, es importante considerar. Hay por lo menos tres grandes categorías de necesidades de capacitación docente dentro de los diversos países del Continente, que deben ser afrontadas:

A. Actualización informativa sobre los diversos componentes de la problemática

B. Actualización de conocimiento y destrezas metodológicas sobre la actividad docente integral

C. Adiestramiento para asociar el trabajo de clase con las necesidades y potencialidades de cooperación de la comunidad

A. Actualización informativa sobre los diversos componentes de la problemática

En 1984, un estudio sobre el nivel de conocimientos de los profesores acerca de la problemática ambiental del Ecuador mostró que ni el 5% de ellos podían describir un cuadro de los diez problemas principales del país. Se había entrevistado a una muestra representativa de todas las provincias para planificar acciones de capacitación docente en educación ambiental, por lo que los promotores tuvieron que empezar prácticamente desde "cero". Simplemente, los profesores no estaban informados sobre la problemática. Se implementó un programa de información, más que de capacitación propiamente dicha, y se consiguió alguna mejoría.

En 1989, otra encuesta a una muestra de profesores, aunque más reducida que la anterior, mostró que el nivel de información había subido considerablemente: el 18% aproximadamente de los profesores seleccionados dentro de una muestra de toda la población, pudo caracterizar bien una gama de 35 problemas ambientales, y en igual proporción mostró actitudes y comportamientos positivos para trabajar en educación ambiental en el sistema; y más del 50% pudo hacer esta descripción más o menos bien, y el 32% del resto la hizo mal.[32]

Este es un cuadro que puede repetirse fácilmente en cualquier país del Continente, en especial en los países no desarrollados, como se muestra en una encuesta llevada a cabo en Bolivia en 1988 (ver Erik

Roth). La gran masa de docentes que tienen la responsabilidad de ayudar a asentar las bases de la nueva ética de las relaciones de los seres humanos con la naturaleza, están desinformados de los problemas acuciantes mundiales y nacionales. Resulta entonces inútil pensar que podrán incorporarlos en la reflexión cotidiana durante el desarrollo de su trabajo.

Considerando que la problemática del desarrollo sustentable y el medio ambiente es amplia, y que crecerá mucho, es tiempo de dedicarle esfuerzos más sostenidos.

Una revisión general de algunos de los materiales educativos sobre la problemática ambiental, proveniente de varios países de la Región, muestra que hay bastante atención al desarrollo de instrucciones para los docentes. Obviamente, ahí se inserta información sobre la problemática, asociada a cada área temática, nivel educativo y unidades didácticas específicas. Pero no hay evidencia de que se estén realizando todos los esfuerzos de capacitación para esos docentes, tanto para el manejo de la temática como para el uso de aquellos instrumentos en el trabajo cotidiano. Sólo en los casos de Chile y Ecuador se encuentran referencias de la cantidad y orientación que tiene o que tendrá la capacitación docente ambiental. Tampoco se han encontrado documentos de reflexión de la temática, sino excepcionalmente.[33]

De acuerdo con esto, las necesidades inmediatas y mediatas de actualización informativa de los profesores de todos los niveles educativos del Continente, sobre la problemática integral del desarrollo sostenido y ambiental, se relacionan con:

- Los principales problemas ambientales del mundo, el continente, el país y la región particular donde está asentado el establecimiento educativo al que pertenece el docente, con sus correspondientes causas inmanentes y sus efectos en el ambiente mismo y en el ser humano.

- Los principales problemas del desarrollo sustentable y sus relaciones con los problemas ambientales.

- Las causas y factores de diverso orden que inciden en la caracterización de tales problemas ambientales y las opciones de soluciones que se presentan en cada campo: planificación nacional, regional y local; desarrollo de la legislación apropiada y la aplicación de la misma; la economía y el financiamiento nacional e internacional; la administración organizacional; la investigación científica y tecnológica; la formación profesional; la organización y participación comunitaria; los estilos del desarrollo; la cooperación internacional; la coordinación interinstitucional nacional, etc.

- Los debates internacionales y nacionales alrededor de la problemática.

- Resultados de la investigación científica y social realizada en diversos lugares del mundo alrededor de la temática.

Las metodologías disponibles al respecto, y que tienen amplia aplicación en todos los países, son numerosas. Pero es obvio que conviene hacer muchas innovaciones a la luz de la disponibilidad de nuevas tecnologías de la información y la comunicación.

Hay que insistir en lo pequeño, barato y factible: los centros de documentación o bibliotecas de las diversas instancias de los sistemas de educación escolarizada en la mayor parte de los países de la Región no son activos ni están actualizados. Cada vez pierden más clientes, frente a la competencia de los medios masivos de comunicación, la televisión especialmente, y otros sistemas de recreación. ¿Cuánto tarda un nuevo libro en llegar a ellos?

Resulta incomprensible que en la mayoría de los países no estén funcionando redes de información por computación entre centros de documentación o información dentro del sistema escolarizado; y que aún persistan problemas de disponibilidad de estadísticas educativas.

¿Cómo puede acceder un profesor a una información seria y actualizada sobre la problemática ambiental si hay un completo estado de incomunicación entre él y las autoridades que administran los sistemas, o entre los profesores mismos? La pesada carga burocrática de los procedimientos formales inmoviliza al sistema total. Por ello es indispensable crear mecanismos diversos, generalmente informales.

En el Ecuador, una ONG, conjuntamente con el Ministerio de Educación, disemina gratuitamente 100.000 copias de un periódico sobre educación ambiental entre profesores de todos los niveles educativos, para informarles sobre la temática ambiental, programas y proyectos en marcha, experiencias especiales de los docentes, etc. En Brasil, algunas iniciativas privadas han permitido que revistas científicas para jóvenes circulen en los colegios de algunos estados con el copatrocinio del Ministerio de Educación. Pero ambos son todavía esfuerzos débiles frente a las ingentes necesidades.

Para que alguna de esas iniciativas pueda funcionar, habrá necesidad de pensar en la creación, en cada país, de pequeños, pero eficientes, sistemas de acumulación de información científica, técnica y social, proveniente de diversas partes del mundo y del interior de cada país, sobre la problemática ambiental. Parece fácil creer que la información está disponible cuando se la necesita para atender a un sistema educativo que tiene una capacidad de consumo de información realmente gigantesco, aún para países pequeños. Pero la práctica indica que es difícil, aunque haya disponibles alrededor del mundo algunas buenas redes instrumentadas por los organismos internacionales, cuyos servicios son baratos en muchos casos.

Una vez que se dispone de estas unidades, el reto es diseminar la información dentro del país, mediante sistemas de correo o electrónicos. Es obvio que se requiere una mentalidad de creación de sistemas para hacerlos eficientes, para atender a las localidades más apartadas de los países, y hacerlos baratos. En el Ecuador, un sistema de préstamo y rotación de materiales didácticos descentralizado en provincias y municipios, instaurado por el Ministerio de Educación, incorporó un componente más para distribuir gratuitamente ingentes cantidades de informes técnicos sobre la situación del medio ambiente y el desarrollo sostenido. Igual importancia se da a los problemas mundiales, regionales y a los nacionales. Es obvio que el mismo mecanismo está siendo utilizado para nutrir, a alguna parte del universo docente, de información sobre otras temáticas. La parte más costosa del proceso es la reproducción de los materiales impresos. Pero aún así se han reportado problemas de motivación de los responsables de distribuir y demandar la información.

Adicional a estos mecanismos informales, la capacitación sistemática presencial o a distancia de docentes sigue siendo un requerimiento inequívoco para lograr mejores efectos. Y ahí se requiere también una alta creatividad para realizar procesos masivos de entrenamiento sin afectar a la calidad educativa. Desafortunadamente, para la elaboración de este documento no se contó con información de lo que acontece en el Continente en esta materia.

Para que algunos de estos mecanismos puedan ser más factibles, será conveniente promover la definición de políticas para hacer más bajos los costos de producción de impresos educativos, de establecimiento de sistemas y redes de información por computación, el transporte de material educativo dentro y fuera del país. Sumado a ello debe haber promoción del uso de resultados de información científica y técnica en el trabajo de planificación educativa, construcción curricular y práctica cotidiana de la docencia y trabajo con la comunidad.

B. *Actualización de conocimiento y destrezas metodológicas sobre la actividad docente integral*

Esta es un área que debe merecer también un cuidado especial en los programas de capacitación docente ambiental. Como ya se ha afirmado, "... salta a la vista que los docentes en ejercicio en los distintos países de la Región están formados y en cierto modo 'apegados' a las tradiciones académicas; y será tarea difícil lograr que asuman el papel de educandos, en las actividades que realicen con sus alumnos y la comunidad. Para que este cambio se produzca con anterioridad a la aplicación de la educación ambiental en sus instituciones, serían necesarios largos programas de formación o reciclaje pedagógico. Igualmente, para que estén en condiciones de 'enseñar' en términos tradicionales acerca de los múltiples problemas ambientales de su comunidad, su país o el mundo, no bastarán simples cursos de formación, sino que tendrían que cursar nuevamene sus carreras".[34]

En este campo, las necesidades igualmente son grandes, por lo que los enfoques de trabajo deben ir desde programas para mejorar los sistemas de formación docente hasta aquellos de actualización y reentrenamiento sobre la educación ambiental.

Algunos temas de prioridad en esta capacitación serán:

- Los nuevos enfoques pedagógicos de la educación ambiental que tienen lugar en diversos lugares del mundo.

- Las nuevas orientaciones de la investigación científica en los diversos campos que conciernen al desarrollo sustentable y la problemática ambiental.

- Los nuevos enfoques de la enseñanza-aprendizaje sobre ciencias.

- El desarrollo de proyectos de gestión ambiental dentro de los lindes de los establecimientos educativos.

- El desarrollo de investigaciones de pequeñas cooperativas entre establecimientos educativos, sobre los temas de la problemática ambiental, como por ejemplo el que desarrolla el Ministerio de Educación del Ecuador para diagnosticar los problemas ambientales prioritarios de cada provincia y municipalidad, en la que intervienen profesores, alumnos y periodistas locales. Son procesos que demandan capacitación intensiva y asesoría para la organización de los grupos.

C. *Adiestramiento para asociar el trabajo de clase con las necesidades y potencialidades de cooperación de la comunidad*

Esta es también un área de vital importancia en la capacitación docente. En las dos últimas décadas ha habido un mejoramiento cualitativo muy importante en los enfoques que buscan asociar el trabajo de las aulas con las comunidades donde están establecidas. Pero es obvio que, frente a la crisis económica que agobia a la mayor parte de los países del Continente, este trabajo no pasa de ser, en buena cantidad de casos, sino un ideal. Hacen falta creatividad e información sobre las alternativas de acción para instrumentar los procesos a bajos costos, sin desbalancear el clásico y celoso *pensum* académico de que como mínimo disponen los docentes para su trabajo.

Esta creatividad e información no se pueden hacer sin capacitación, mediante la aplicación de procedimientos y métodos que insinúen una investigación-acción, ensayos, ejercicios, pruebas e inclusive experimentos.

La capacitación docente debe instalarse alrededor de nuevos enfoques de trabajo con la comunidad, con metodologías participatorias y semiparticipatorias y de consulta que sean eficientes.

También debe darse capacitación a los docentes para que fomenten la organización de los estudiantes y la comunidad para hacer aportes reales a las soluciones ambientales.

La creación de clubes estudiantiles no ha sido una novedad en estas dos décadas; un ejemplo son los de la Unesco; pero ahora la problemática demanda cambios para obtener más resultados al corto y mediano plazos. Los clubes ecológicos que se incentivan en numerosos países del Continente tienen la ventaja de poder especializarse en temas claves ambientales en los cuales los asociados son agentes o víctimas de los problemas o ambas cosas a la vez.

Pero los clubes necesitan mucho apoyo de entrenamiento para desarrollar su capacidad de identificar problemas, definir alguna idea de solución y compartir con la comunidad y las autoridades, la denuncia del problema y la aplicación de soluciones en que sea factible y pertinente. También requieren información sobre cómo buscar el financiamiento con el aporte comunitario. Aquí es donde la disponibilidad de información, sobre problemas y alternativas de solución, son indispensables. En el Ecuador se ha establecido un sistema de clubes de este tipo, que ha permitido el funcionamiento entre 1990 y 1991 de más de 400 unidades.[36] Estos están generando otros tipos de clubes de interés exclusivo de grupos comunitarios o compartidos con los estudiantiles. En algunos lugares eso está significando movilización de la comunidad. También Venezuela tiene montado un buen sistema de clubes ecológicos.

V. La producción de materiales de educación ambiental

La producción de materiales educativos de educación ambiental es quizá el área en que más tratamiento e interés ha recibido la temática de la educación ambiental en el Continente Americano.

Apenas se lanzó el alerta mundial sobre la problemática ambiental en Estocolmo en 1972, muchos países del mundo, especialmente los desarrollados, empezaron a producir ingentes cantidades de materiales pedagógicos e informativos sobre la problemática ambiental. Esto influyó en muchos otros países, porque tanto sus contenidos como sus presentaciones lujosas y elegantes impactaron en la opinión de la gente. En sus contenidos se incorporó una aureola de sensibilidad acera del amor a la naturaleza, los animalitos amenazados y algunas especies de flora en vías de extinción, cuyo mensaje explícito o implícito traía alguna visión apocalíptica.

La reproducción de esta práctica se ha venido dando en numerosos países de la Región desde hace más de diez años. Aunque no es una práctica que debemos lamentar del todo, ciertamente ha habido una tendencia a copiar exclusivamente el modelo del diseño de los materiales, pero no los formatos pedagógicos integrales de los que formaban parte.

Con el tiempo esto ha tendido a cambiar, tanto en contenidos como en formatos. En cuanto a los formatos, la crisis económica de la totalidad de los países de la Región ha inspirado una gran creatividad, aunque, de haber habido posibilidades económicas, habría sido recomendable que muchos diseños lujosos se repitieran, debido a la hermosa y atractiva presentación que tenían.

En cuanto a los contenidos, el cambio ha sido considerable. Empezó a no darse tanta prioridad a la información eminentemente "biologicista"; pero sí a incorporar cada vez más nociones sobre la problemática del desarrollo sustentable, entendida más ampliamente. En una reciente reunión de técnicos de educación ambiental formal e informal del Continente en Viña del Mar, Chile, que tuvo lugar en abril de 1991 bajo el patrocinio de la OEA, se encontró que muchos materiales de la muestra exhibida todavía enfatizaban fuertemente en viejas nociones de la educación ambiental.

En otros eventos, diversas muestras de material educativo sobre educación ambiental, provenientes de varios países del Continente, han mostrado que hay una inclinación a producir materiales exclusivamente para profesores y alumnos. Pocos enfatizan en las relaciones de profesor-alumno, de alumno-padre de familia-comunidad, o profesor-padre de familia, o autoridades educativas-comunidad.

Si esto obedece a razones de tipo económico sería justificable; pero posiblemente haya una limitación conceptual al respecto. Ciertamente, la mayor parte de los programas de educación ambiental que se han instaurado a nivel total de los sistemas educativos o a nivel parcial, no han tenido financiamiento del propio estado, sino excepcionalmente y como pequeñas contrapartes a donaciones extranjeras. Los gobiernos extranjeros y las fundaciones internacionales han tenido una activa participación en esto en la mayor parte de los países, y posiblemente la seguirán teniendo en el futuro. Estos fondos, relativamente pequeños frente a las necesidades, aunque cuantiosos si se los analiza desde una perspectiva interna, apenas pueden cubrir los costos de desarrollo de modelos de trabajo y la aplicación de programas que atienden, en alguna parte, sólo a los docentes. Las necesidades de producción de materiales para estudiantes son inmensas y, virtualmente, imposibles de intentar satisfacer frente a la situación económica continental.

Para el futuro, obviamente, es obligación crear mecanismos más modernos y agresivos de financiamiento para este rubro.

Los materiales educativos destinados a los maestros están, por lo general, orientados a atender: necesidades de capacitación e información sobre la problemática ambiental y del desarrollo sustentable; procedimientos metodológicos de investigación y pedagogía de educación ambiental; y materiales didácticos para uso en el aula o fuera de ella con sus alumnos.

Dada la enorme heterogeneidad de situaciones de educación que se da entre las áreas urbanas y rurales, las necesidades se mantienen casi incólumes para el área rural. También para el área urbana, y a riesgo de ser pobre en el cálculo, es dudoso creer que haya por lo menos un instrumento didáctico de educación por cada 1.000 profesores, o de algún documento informativo sobre la problemática ambiental o la educación ambiental.

Ecuador, Venezuela, Costa Rica, Colombia y Brasil son los países que más esfuerzos parecen haber hecho por dotar a un gran porcentaje de maestros de este tipo de materiales. La donación del material en unos casos es ineludible, por razones económicas y organización del aparato educativo; mientras que en otros casos el instrumento pasa a formar parte de los establecimientos educativos, donde hay mecanismos eficientes de control de los recursos didácticos del estado. No obstante, todavía hay algunos países donde la responsabilidad de la adquisición de estos materiales recae en los propios docentes. En esos casos, si el ingreso per cápita del docente está entre los más bajos en las escalas nacionales, en esos países, entonces la actividad educativa debe realizarse sin materiales.

¿Qué puede hacer la comunidad nacional e internacional para afrontar estos problemas? Quizá desarrollar la imaginación para hacer funcionar los mecanismos del mercado, con una clara orientación del estado. Son numerosos los ejemplos que se están dando en ese sentido en varios países. En esta materia, los países desarrollados del Continente tienen mucha experiencia, haciendo funcionar, conjuntamente con el estado, iniciativas administradas por ONG's. Lo que se requerirá de entrada es una gran planificación de programas y proyectos, lo cual es otra gran fragilidad en el sistema educativo escolarizado.

Frente a necesidades de producción de materiales para estudiantes, que es inmensa e incalculable, considerando la población estudiantil del Continente, es indispensable aprender a priorizar a nivel central y nacional, a nivel de regiones, a nivel local y a nivel de los diversos establecimientos educativos. Pero esto funcionaría solamente en el caso de que hubiera todo un sistema de producción de materiales didácticos, que no existe en todos los países.

Esta priorización debe obedecer a mecanismos más objetivos de trabajo. Donde la capacitación y la aplicación de métodos de investigación y producción respondan a criterios modernos en cuanto a técnicas, formatos y organización. Lamentablemente, es un área muy olvidada en la mayor parte de los sistemas educativos del Continente. Nuevas técnicas de planificación, prospección para la construcción de futuros predecibles y producción eficiente requieren ser incorporadas y estabilizadas en todos los países. Si se quiere que la educación ambiental constituya un verdadero aporte, se deben intentar cambios sostenidos con relación a este tema.

Otro de esos cambios urgentes es la descentralización en la producción de los materiales. Pese a la persistente crítica desarrollada en estos últimos 20 años, acerca de los peligros que conlleva la centralización de la producción de materiales, hay una tendencia centralista en la mayoría de los países. Se debe combinar ésta con procesos de descentralización, para dar la oportunidad de que más actores participen y se adopten los temas que son de interés local.

VI. La promoción de la educación ambiental y la calidad educativa

Es una regla conocida que todo cambio importante dentro de una rutina genera dudas, excepticismo y resistencias. En el campo de la educación ambiental no hay excepción, y se perciben contradicciones entre una ola de esperanza por la naturaleza de esta educación y otra de temor frente a ciertos cambios que se deben realizar a la ortodoxia educativa. Aunque la educación ambiental no constituye una amenaza para la seguridad profesional o de autoridad de nadie en los sistemas escolarizados, es de presumir que hay especulaciones en cuanto a lo que puede representar en el cambio de la práctica cotidiana. Ahí hay mucho que trabajar para promover la importancia de la educación y para comprender sus alcances y límites.

La resistencia pacífica, y activa en muchas ocasiones, se da en todos los niveles: entre los que administran la educación, los que administran los recursos y en los ejércitos de docentes.

La resistencia en niveles superiores de la administración educativa, está sazonada por las clásicas consideraciones de que se trata de una nueva ola, como aquéllas que ha habido en las dos últimas décadas alrededor de la soñada "reforma educativa". En las esferas menores, y entre el docente de práctica diaria, la resistencia gira alrededor del temor a ser sobrecargados de tareas y responsabilidades que no guardarían relación con sus honorarios o sus incentivos.

Si bien todo ello puede afrontarse mediante una planificación clara y objetiva, como aquellos proyectos y programas que ya han sido descriptos en el capítulo referente a la planificación, es evidente que hay necesidad de realizar una serie de actividades de "promoción" y "motivación" en todos los niveles de administración de la educación.

La promoción de la educación ambiental se realiza en casi todos los países del Continente, con cualquier clase de concepciones o justificaciones. Y eso es positivo; se debe alentar a que siga, en especial aquella promoción a través de los medios masivos, los pequeños medios y los medios comunitarios de comunicación.

No obstante, es escasa la noción de incentivos personales o grupales que se dan a los responsables de la educación. Evidentemente esto demanda estudios específicos que giren alrededor de la promoción profesional en las categorías del escalafón, de aumento de sueldos, de premios, viajes, becas, encuentros, publicación de documentos con el nombre de los autores, etc.

Un grupo de observadores de aves durante una visita al Parque Nacional Henry Pitier en Venezuela, uno de las mayores zonas de preservación de la flora y fauna silvestre con gran diversidad de aves
(Fotografía José Luis Jiménez).

La caza indiscriminada de cocodrilos para la obtención de cueros ha llevado la especie casi a su exterminación total, como el que aparece en una zona de pantanos en la selva tropical de centroamérica (Fotografía Richard E. Saunier).

CAPÍTULO IV

LA NECESIDAD DE UNA ACCIÓN CONCERTADA EN EDUCACIÓN AMBIENTAL EN EL CONTINENTE

La información disponible para el análisis general de la práctica de la educación ambiental en el Continente no permite llegar a unas conclusiones muy precisas de lo que ocurre a nivel del país; inclusive algunas postulaciones que se han hecho podrían estar desamparadas de evidencia. Sin embargo, este primer análisis sienta los parámetros generales alrededor de los cuales la educación ambiental debería aplicarse en cada país para responder a la crisis ambiental universal. Por esa razón, a continuación se exponen algunas ideas que podrían ser de interés regional y de cada país, para fomentar una acción concertada de cooperación, en que las iniciativas y esfuerzos de todos estén al servicio de los demás, observando el principio de "la responsabilidad compartida", la cual también atañe a países del Tercer Mundo entre sí y entre los países del Norte y del Sur.

I. Las políticas ambientales

Es evidente que la mayoría de los países del Continente tienen interés por la problemática del desarrollo sustentable y ambiental, aunque no han definido políticas explícitas para el campo de la educación escolarizada.

La definición de estas políticas no es un aspecto insondable ni insalvable de los países, pero demanda voluntad política oficial, información para hacer decisiones en los más altos niveles de cada país, y la concepción de un sistema articulado de premisas, principios, objetivos y macroestrategias de alguna magnitud, aspectos para los cuales algunos gobiernos parecerían no estar todavía preparados.

Frente a esa situación, dos tipos de esfuerzos parecen vislumbrarse en el contexto de un esfuerzo de concertación y cooperación internacional alrededor del tema: el establecimiento de una cooperación dirigida a los gobiernos que están en esa situación, bajo el concepto de cooperación horizontal entre los países en desarrollo; y una cooperación entre países desarrollados y no desarrollados, con la intermediación de un organismo regional gubernamental.

Esa cooperación, en cualquiera de los dos casos, podría orientarse a apoyar una mejor caracterización de los problemas del desarrollo sostenido y ambiental, asociados con la educación, de los diversos países; así como a identificar las áreas temáticas comunes de trabajo más prioritarias.

A partir de esas caracterizaciones, cada país podría construir o ajustar sus políticas educativas ambientales en función de los sistemas integrales de educación, e intentar desarrollos que robustecerán el sistema total. Así se buscaría dar un aporte mayor de la educación al proceso del desarrollo sustentable. Se analizarían, conjuntamente, las alternativas de descentralización de la acción educativa integral dentro de cada país, en función de sus problemas especiales de desarrollo sustentable.

Esto implicará hacer investigaciones sobre la relación educación-desarrollo en general, y no solamente en el área escolarizada, en términos operativos concretos, según las necesidades de cada país; y sus insumos deberán incorporarse al cúmulo de información de las entidades nacionales que planifican el desarrollo.

También implicará asesoría para el desarrollo de los estudios nacionales, y el diseño de políticas educativas firmes.

II. Los sistemas de información científica y tecnológica

Ha sido evidente que la mayor parte de los países de la Región han perdido el ritmo de avance en el establecimiento de sus redes nacionales de información científica y tecnológica, y la conexión de éstas con redes regionales y mundiales.

Esto marca un atraso considerable en todo esfuerzo de incorporar la información científica y técnica en los programas de educación ambiental; y eso, sin duda, impedirá que los planteamientos y enfoques de la educación ambiental puedan hacerse en cada país con la riqueza que la problemática demanda. Sin caer en la equivocación de que la problemática del desarrollo sustentable y ambiental es eminentemente de orden tecnológico, este factor es indispensable, en conjunción con otros factores. Ahí se presentan líneas donde la cooperación internacional también puede funcionar.

El primer gran aspecto a solucionar es la provisión de los sistemas informáticos en función de redes nacionales e internacionales que se hayan diseñado, en el campo de la educación ambiental. Puede parecer insostenible la idea, ya que en cada país funcionan otros sistemas y otras redes de información sobre el desarrollo y la tecnología. Pero precisamente ése es el nuevo enfoque que debe darse a toda gestión, para que los diversos bancos de datos funcionen dentro de una concepción integral y apoyen al sector educativo para generar y usar información.

Esas redes deben romper el vicio clásico de la obsesiva centralización en ciudades o instituciones, que han destruido iniciativas de cambio y acción, y hacer valer nuevos criterios, tratando de romper esa especie de "colonialismo interno" que el mismo se ha dado en la mayoría de los países del Continente desde las épocas de la independencia política, según el cual los recursos de las provincias, los estados y las municipalidades deben explotarse para beneficio de la capital de la república o de las pocas grandes ciudades, dejándo a las demás en detrimento y con necesidades.

III. Producción de materiales educativos

La producción de materiales educativos para la educación ambiental, en los diversos países del Continente, requiere replanteamientos importantes para mejorar su calidad y cantidad, haciendo que se cubran las necesidades básicas y se adecúen a la realidad particular de cada cultura.

No obstante, frente a una problemática del desarrollo sustentable y ambiental tan amplio, y que cruza por las realidades de la totalidad de los países del Continente, en muchos casos, con iguales causalidades y efectos, es necesaria la producción de una serie mínima de materiales de alcance nacional e internacional. Ante ello, la cooperación internacional es posible para el intercambio de métodos, procedimientos de producción, validación y circulación de materiales y de los materiales mismos.

Podrían establecerse mecanismos de intercambio, poniendo en juego a todas las organizaciones nacionales e internacionales, gubernamentales y no gubernamentales, para buscar las ventajas de una responsabilidad compartida en este tipo de programas. Para ello, será necesario diseñar auténticos programas, en los que se contemplen las fragilidades y las potencialidades de las acciones que se esperan realizar, en vez de articular espontáneamente iniciativas de las diversas instituciones. La coordinación interinstitucional e internacional, como nunca, exige mayor organicidad.

IV. La investigación pedagógica

Al haberse convertido la investigación pedagógica, en un buen porcentaje de países, en un proceso poco rico por falta de recursos, creatividad y, sobre todo, coordinación nacional entre instituciones, deben fomentarse los esfuerzos nacionales para consolidar los institutos de investigación educativa del estado o de las ONGs.

La investigación debe tratar de cubrir áreas deficitarias importantes que se presentan en el plano de la efectividad de los procesos de enseñanza-aprendizaje frente a la problemática ambiental. Deben sugerir innovaciones que puedan copiarse y multiplicarse a bajos costos, y enriquecer la incorporación de la problemática ambiental con entendimiento de los problemas generales del desarrollo sustentable.

V. Rutas para una revolución espiritual

Todo lo examinado en este documento muestra que la humanidad está en búsqueda de rutas para cambios duraderos y saludables; que la búsqueda está involucrando a todo el mundo y a todas las instancias, por lo que la participación de la educación es de vital importancia.

La fe en la educación se debe a que ha sido capaz de demostrar, a lo largo de la historia, que es la hacedora esencial de las bases de orientación de comportamientos y actitudes de la humanidad frente a su entorno natural y espiritual. Ahora también tiene las posibilidades de demostrar está en posibilidades de demostrar también que puede ser la intermediaria central en los procesos de fundación y desarrollo de una nueva ética, que establezca las rutas hacia esa revolución espiritual que se requiere. Si ello implicará empezar por hacer una antiguerra, el mundo ya se ha armado de un instrumento fundamental que es la voluntad de incidir en la educación para dejarse influenciar por ella.

Con finalidad educativa, en el Zoológico de la Ciudad de Washington D.C., EE.UU., se inauguró un inmenso pabellón climatizado donde se han trasladado ejemplares de la flora y fauna amazónica (Fotografía SIP).

Ejemplar silvestre de Casupito o Ave del Paraíso, en el Parque Nacional de Canaima, representante de la flora de las selvas tropicales de Sudamérica (Fotografía José Luis Jiménez).

NOTAS

1. Augusto A. Maya, *Medio ambiente y desarrollo*, Documento de base para la Reunión de Expertos "Ambiente, Desarrollo y Planificación hacia el siglo XXI", (Cartagena de Indias, 4-7 septiembre de 1991. SECAB-Fundación Konrad Adenauer, 1991).

2. Maya, *Medio ambiente y desarrollo*.

3. UNESCO, *Tendencia de la educación ambiental* (París: UNESCO, 1977).

4. *Conferencia de las Naciones Unidas sobre el medio humano. 5 al 16 de junio de 1971* (Ginebra: Publicación del Centro de Información Económica y Social de la Oficina de las Naciones Unidas).

5. Alejandro Teitelbaum, *El papel de la educación ambiental en América Latina* (París: UNESCO, 1978).

6. *Conferencia de las Naciones Unidas sobre el medio humano. 5 al 16 de junio de 1971* (Ginebra: Publicación del Centro de Información Económica y Social de la Oficina de las Naciones Unidas).

7. *Conferencia de las Naciones Unidas sobre el medio humano. 5 al 16 de junio de 1971* (Ginebra: Publicación del Centro de Información Económica y Social de la Oficina de las Naciones Unidas).

8. Teiltelbaum, *El papel de educación ambiental en América Latina*.

9. UNESCO, *Perspectiva*. Revista Trimestral de Educación. VIII.4 (1978): 505.

10. UNESCO 1978, 505.

11. Uno de los materiales bastante conocidos por la época fue el "Curso de Conservación de la Naturaleza y sus Recursos Renovables", del Ministerio de Educación Pública de Chile y la Facultad de Ciencias Forestales de la Universidad de Chile, publicado en 1974. Es un texto de educación programada a distancia, basado en el uso de los medios masivos, destinado a todo tipo de públicos.

12. Oficina de la Secretaría General de la OEA en el Uruguay, *Tratamiento de la educación ambiental en la enseñanza primaria, secundaria, técnica y en los centros de formación docente*, S/F.

13. Ministerio de Educación, Ministerio de Bienes Nacionales, Grupo Biministerial de Educación Ambiental, *Borrador: Programa nacional de educación ambiental* (Santiago, Chile: Junio 1990).

14. Asociación de Investigación y Estudios Sociales de Guatemala, *Educación ambiental en Guatemala. Propuesta* Diciembre de 1988.

15. República del Paraguay, *Material de apoyo al maestro. Educación familiar en el Paraguay*. Ministerio de Educación y Culto. Departamento de Currículum (Asunción: noviembre de 1984).

16. Subsecretaría de Ecología, Dirección General de Promoción Ambiental y Participación Comunitaria, *La educación ambiental y la educación indígena en México* (1989).

17. Secretaría de Desarrollo Urbano y Ecología, Subsecretaría de Ecología, *Educación ambiental y escuela primaria en México*. S/F.

18. Doris Amanda Espitia A., *La educación ambiental en el sistema educativo colombiano*. Ministerio de Educación Nacional de Colombia. Dirección General de Capacitación (Bogotá, DE, Colombia: 28 enero 1991).

19. Ministerio de Educación de Venezuela, S/A, S/F.

20. Orestes V. Valdés, *et al.*, *La educación ambiental y la protección de la naturaleza*. Encuentro de Educadores por un Mundo Mejor. Instituto Central de Ciencias Pedagógicas. Instituto Superior Pedagógico E. J. Varona (La Habana, Cuba: 1990).

21. Caribbean Conservation Association, *Towards an Environmental Education and Communications Strategy for the Caribbean*, S/F.

22. Eustace Hill, *Incorporation of Environmental Education into Indutrial Education for the Caribbean*. UNESCO-UNEP International Environmental Education. Country Report. Antigua/Barbuda. Sub-Regional Training Seminar. 1988.

23. República de Honduras, Secretaría de Estado, En el Despacho de Educación Pública, *La educación ambiental en el sistema educativo de Honduras* (Comayagüela, D.C.: noviembre de 1990).

24. Fundación Natura, OTIDES, IEOS, *Manual de investigación de diagnóstico de la situación ambiental en provincias por parte de la comunidad educativa* (Quito, Ecuador: 1991).

25. Subsecretaría de Ecología, Dirección General de Promoción Ambiental y Participación Comunitaria, *La educación ambiental y la educación indígena en México* (México D.F.: 1989).

26. Marco Encalada, *Encuesta sobre el nivel de información, actitudes y prácticas de la población ecuatoriana acerca de los problemas del medio ambiente*. Fundación Natura, Proyecto EDUNAT III. (Quito: 1991). También veáse Erick U. Roth, *Algunas reflexiones sobre las características de la educación ambiental*. Centro Interdisciplinario de Estudios Comunitarios (Bolivia: 1985).

27. República de Costa Rica, Ministerio de Educación Pública, *Programa nacional de educación ecológica. Proyectos* (San José: 1990).

28. Secretaría de Educación Pública de México, *Programa nacional de educación ambiental. Ecología y educación ambiental. Paquete didáctico* (SEP-SEDUE-SS), S/F.

29. Secretaría del Desarrollo Urbano y Ecología, Subsecretaría de Ecología, *Educación ambiental y escuela primaria en México*, S/F.

30. República de Honduras, Secretaría de Educación Pública, Dirección General de Educación Media, *Programa de educación ambiental. Bachillerato de promoción social II y III curso* (Tegucigalpa, D.C.: octubre 1989).

31. Fundación Natura, *Guías de trabajo y didácticas de educación ambiental para guarderías infantiles* (Quito: 1991).

32. Marco Encalada, *Encuesta sobre el nivel de información, actitudes y prácticas de la población ecuatoriana acerca de los problemas del medio ambiente,* Fundación Natura (mimeo), 1991.

33. María Taborda de Cedeño, *Contenidos, actividades y objetivos del taller de educación ambiental* (Caracas, Venezuela: 1990).

34. Alejandro Teitelbaum, *El papel de la educación ambiental en América Latina* (Paris: Unesco, 1978).

35. Fundación Natura, EDUNAT III, *Manual de clubes ecológicos para el sistema escolarizado* (Quito: 1990).